KINZAI バリュー叢書

中国ビジネス必携

大陸へ赴く侍たちへ

みずほコーポレート銀行顧問
東京国際大学客員教授
菅野　真一郎［著］

一般社団法人金融財政事情研究会

まえがき

中国は二〇〇一年一二月にＷＴＯ加盟を実現し、一九七八年一二月の中国共産党「一一期三中全会」で経済改革・対外開放政策採択後二〇年来の夢であった、対外経済貿易面の国際社会の仲間入りを果たしました。加盟に際して積み重ねた多国間交渉の約束ごとは遵守され、規制緩和と市場開放に向けて法律の制定や改定が着実に進められ、外国からの直接投資（以下「対中投資」と略称）にかかわる投資環境も格段に向上していることは間違いありません。

しかし個々の対中投資案件に接している現場の実感としては、トラブルが後を絶たず、中国ビジネスに携わる人々が相当の苦痛と忍耐を強いられているのが現実です。

合弁パートナーや行政との交渉において口頭確認だけで話が進み、約束ごとの文書作成を怠ったために、実際には約束が履行されずに日本側が大きなコスト負担を強いられるなど、交渉や確認の詰めの甘さからくるトラブル、突然の工場立ち退きや工場空地の没収、税金以外に行政から費用徴収される「乱収費」など、行政の一方的都合や方針転換に起因するトラブル、中国人や日本人の悪質ブローカーに取り込まれるトラブル、企業機密漏洩やニセ物の商標登録、意匠登録にまつわるトラブル、中国側合弁パートナーとの経営方針の食い違いやあつれきに伴う合弁解消等のトラブル、ストライキなど労務管理問題等々枚挙にいとまがありません。

私は一九八四年、日本興業銀行上海駐在員事務所首席駐在員として初めて中国ビジネスにかかわって以来、今日までの二八年間、主として日本企業の対中投資やトラブル処理のサポートの仕事に携わってまいりました。この間、一九八八年の「日中投資保護協定」締結の際、両国総理が合意して設立された「日中投資促進機構」の設立業務に携わり、事務局責任者を二度、四年半経験することもできました。

これらの経験からわかったことは、対中投資の推進にあたっては、法律、制度、習慣、インフラ等中国の投資環境に精通した「水先案内人」が必要であるということです。船が港に入るとき、港の地理や入港手続きに詳しく、船を安全にスムーズに岸壁に接岸できるように誘導するのが水先案内人の役割です。いまでは一般化している対中投資アドバイザリー業務の先駆けで、私の中国ビジネスの原点となりました。

ところで二〇〇〇年以降の対中投資の盛り上がりは、それまでの安い労働コストに依存する加工輸出型から、持続的に拡大し、かつ多様化する中国市場対応型に、進出目的が大きく変わりつつあるのが特色です。

しかも二〇〇八年九月の世界金融危機―リーマンショック―で世界経済が大きく後退するなか、唯一、九％以上の経済成長を続け、二〇一〇年、遂に世界第二位のＧＤＰ大国に躍進した中国の市場めがけて、日、米、欧、東南アジア、香港、韓国、台湾の有力企業が鎬を削り、地力をつけた中国企業も加わって、中国市場をめぐる企業間競争は激しさを増しています。中国はいまや「世界の工場」であると同時に「世界の市場」として、その存在感を高めています。

最近の日本企業の対中投資の特色は、地域的には、競争が激しく諸コストの上昇も著しい沿海部よりも、世界金融危機後の輸出減衰の影響が少なく、かつ格差是正や四川大地震の復興のため政府資金配分が厚みを増して、経済成長も二桁を記録している内陸・中西部への進出が相対的に増加傾向にあります。業種的には、膨大な人口＝市場につながる外食、食品、日用品、化粧品、医薬、商業（スーパー、コンビニ）、インターネット販売、あるいは三万社を超える進出日系企業の増加と高速道路網や高速鉄道網等のインフラ整備に伴い３ＰＬ（3rd Party Logistics）などの需要が高まる物流業、自動車の生産拡大に伴う部品産業、とりわけ二次下請、三次下請の中小部品メーカー等の進出の動きがみられます。たとえば、一級都市進出を果たした大手コンビニが、構築したノウハウ、ベンダー工場、物流網を活かして二級都市や三級都市も視野に、全国展開に乗り出しています。

中国の二〇代女性の間で最も高い人気を誇る資生堂は、中国市場専用ブランド商品を投入して成功をおさめています。トヨタ自動車が中国市場向け新エネルギー車などの開発のため、大型研究・開発センター建設に着手したり、日産自動車が中国市場向け新型モデル車開発を目指すデザイン研究所を設置する動きなどは、中国市場重視の表れとみることができます。

すでにグループで一〇～五〇社以上の中国進出を果たしている大手・中堅企業では、中国市場での競争力強化を目指し、中国事業の再編・再構築とコーポレートガバナンス（企業統治）強化のために統括会社や中国地域本部を設立する動きも広がりつつあります。

企業内においては中国事業のウェイトが高まり、今後も大きな成長が期待できるとの見通しに立って、欧米駐在員の数を絞り中国駐在員をふやすとか、優秀な人材を中国事業に振り向けたり、中国駐在の総責任者の位を部長や一般役員クラスから代表権を有する常務取締役・専務取締役以上に格上げするなど「人材の中国シフト」現象も広がってきています。中国総代表や駐在経験者が日本本社の社長に就任する事例もみられます。製造業、非製造業を問わず、まさに中国が世界市場を制する主戦場になりつつあるといっても過言ではないように思います。

また、中小企業の中国進出増加傾向に対応して、有力地方銀行が取引先サポートのため「アジアチャイナデスク」などの組織づくりと人材配置を進める動きもみられます。

二〇一一年の日本からの対中投資実行金額は六三億五〇〇〇万ドルを記録し、過去最大の二〇〇五年の六五億三〇〇〇万ドルに次ぐ投資規模との中国商務部発表もあり、各方面で対中投資に関してあらためて戦略、戦術を早急に打ち立てる必要性が高まってきている状況にあります。

本書は、これから中国進出の検討に取り組む人、会社で中国事業分野に配属される人、配属されている人、将来中国駐在の可能性がある人、現に中国に駐在し中国人との付き合い方や中国現地法人の運営に思い悩んでいる人、金融機関等で対中投資のアドバイザリー業務に携わっている人などを対象に想定しています。また、世界の主戦場に社員を送り出している経営者の方々にも、中国ビジネスの最前線の実情を知っていただくためにお読みいただければ幸いです。

内容的には、法令との照合や手続き的なHOW TOではなく（もちろん対中投資ではこれらの知識は大前提ではありますが）、進出した中国事業の現場で実際に遭遇する困難やトラブルを未然に防ぐヒント、困難やトラブルが発生した場合の解決のヒントとなることを目指しています。これまで私が携わったり見聞した多くの事例を念頭に、対中投資に関する留意事項をわかりやすく実務的に説明することを心がけました。本書が対中投資の転ばぬ先の杖、水先案内人の役割を些かでも果たすことができればと念願しています。

中国事業の成否は、経営者の信念と本社からの支援は不可欠ですが、究極のところ中国駐在員の気配り、気働き、創意工夫プラス情熱（やる気）にかかっています。われわれ日本人は率先垂範、中国人をはるかにしのぐ努力をして中国人の信頼を勝ち取ることです。そのうえで優秀な中国人の資質を磨き、鍛え、思いきって登用し、圧倒的多数の中国人のやる気を引き出すことです。

世界最大の市場、中国でのビジネスは、志をもって仕事に取り組む人間にとっては、エキサイティングです。異国の地でのビジネスは現地化の実現、すなわち中国人、中国社会との相互信頼を構築し、日本人、中国人の区別なく一体となって事業発展に取り組み、ゆくゆくは優秀で忠誠心の高い中国人を中国事業の中核に据え、日本本社の業績と中国社会への貢献を実現することが理想です。本書を読んで、少しでもそのような意欲をもっていただければ幸いです。

なお、本稿はみずほコーポレート銀行中国営業推進部が、取引先の財務部門に毎月数千部お届けしている「MIZUHO CHINA REPORT」(現在はMIZUHO CHINA MONTHLYに改称)に二年半、三一回執筆掲載した「中国進出にあたっての留意点―対中投資相談の現場から―」をベースに選別、加筆補正を行ったもので、内容・意見はみずほコーポレート銀行の公式見解を示すものではなく、それらに関する責任はすべて執筆者が負うものです。

本書の出版にあたり、みずほコーポレート銀行中国営業推進部の同僚諸氏に、資料・データ収集など多大なご協力をいただいたこと、さらに、金融財政事情研究会出版部の佐藤友紀次長には、長期間にわたり叱咤激励とご支援をいただいたことを記して、感謝申し上げたいと思います。

二〇一二年四月

菅野　真一郎

目　次

第1章　中国進出に際しての一般的留意事項

第2章 入念な事前調査

第3章 合弁交渉・契約の留意点

第4章　中国人との付き合い方

第5章 中国での生活面の留意事項

第6章　現地法人の運営

第7章　中国進出成功事例に学ぶ

第8章　役員訪中成功のために

第9章 中国事業戦略立案のヒント

〈資料〉 中国省別地図および本書に登場する地域・都市

第1章

中国進出に際しての一般的留意事項

1 進出事業部門

進出事業部門の選定については、まず、合弁にしろ独資（一〇〇％外資側投資）にしろ、最初の中国進出案件は皆さんの会社が最も得意とする事業部門、すなわち社長の目が利き、ノウハウもあり、人材もいる製品分野で始めていただきたいと思います。

たとえば合弁の場合、中国側はいまだ十分な資金も技術も設備も備わっていないため、多くの面で外資頼みというのが実情です。その頼られる当の外資側が、実は初めてこの分野を中国で展開しようというのでは、問題が起きることは目にみえています。

独資の場合は、社内にノウハウもなく人材もいないために、往々にして「中国での事業は中国人に任せるに限る」といって日本人を派遣しないケースがあり、これも問題が起きる要因です。

また、「かねてから温めていた新規事業をコストの安い中国でやってみよう」というケースがありますが、コストが安いと事業立ち上げや事業運営も容易であるかのように錯覚されるようです。体制も制度も習慣も異なる中国では、小さなプロジェクトだからといって容易にできるなどとは考えないでください。

2 早期進出

次に、進出するならできるだけ早く進出していただきたいと思います。

理由は三つあげられます。

第一の理由は、中国マーケットを日本からの輸出で長期にわたりカバーするのは困難ということです。世界銀行の試算でも、中国が国内インフラ整備に必要な外貨は今後一〇年で七五〇〇億ドルとされたとき、中国の要人は一兆ドルといっています。いくら外貨があっても足りない国情にあります。したがって彼らは、世界の企業に秋波を送り声を掛けて中国進出を慫慂し、製品輸入を国内生産に切り替えようとしています（「輸入代替化」）。さらには、それらの事業を将来輸出産業に育成し、外貨獲得を目指そうとしています。かつての家電製品や携帯電話、現在の自動車産業がその好例であり、中国の外資政策の基本的な考え方です。同業他社が進出する前に、中国市場に足場を築くべきです。

また、中国の外国為替管理条例では「経常支払（輸入決済）については制限を与えない」と規定されていますが、実際は銀行または外貨管理局の個別確認が厳格に行われています。最近でこそ規制緩和傾向にあるものの、今後の外貨繰り次第では、すべての外貨交換と外貨送金がほぼ全面的にストップした一九九八年九月のような混乱が再び起きないとも限りません。

さらにWTO加盟後の中国は、特に石油化学や鉄鋼分野でAD（アンチダンピング）認定やセーフガード発令を乱発し、そのつど中国向け輸出をあてにしている日本産業が多大な影響を受けています。中国向け輸出が不安定になりやすい新たな要因です。

早期進出をおすすめする第二の理由は、国家発展改革委員会と商務部が公布する外資導入のガイドラインである「外商投資産業指導目録」で「投資制限項目」（「項目」はプロジェクトの意味）に指定される前に生産拠点を確保すべきということです。

外資なら何でも歓迎というのは一九八〇年代、一九九〇年代前半のことで、昨今は、最新技術は十分手に入れ生産ラインが供給過剰な業種、項目は「投資制限項目」にリストアップされます。こうなると、暗に高い輸出比率を要求されたり、赤字国有企業との合弁を示唆される傾向があり、進出が必ずしもスムーズにいきません。

たとえば自動車部品は一般には「奨励項目」でしたが、二〇〇二年四月一日のリスト改定で多くの部品が「奨励項目」から外されました。しかし、重慶市、湖北省、吉林省においては引き続き「奨励項目」です。「奨励項目」には生産設備の輸入関税が免除されるなどの優遇があります。内陸部に自動車部品産業を誘導するための方策です。

なお、重慶市や四川省などの西部地区での奨励項目は、通常三五％の企業所得税率が一五％に軽減される優遇もあり（二〇一一年七月二七日付「西部大開発戦略を一層実施するにあたっての関連税収政策問題に関する通達」――いわゆる「五八号通達」）、税金優遇問題については、事前に直近の政策動向を詳細に調査することが肝要です。

ＷＴＯ加盟後、「外商投資産業指導目録」は基本的には緩和（奨励項目を拡大）の方向ですが、その運用はむしろ厳格になってきているのも事実であり、その動向には留意が必要です。

二〇〇七年に改定された現行の「外商投資産業指導目録」も、二〇一一年一二月二四日改定され、二〇一二年一月三〇日施行されました。たとえば自動車組立製造は「奨励項目」からはずされ一般許可項目になりました。

早期進出をおすすめする第三の理由は、部品・原材料メーカーが中国進出によって、日本では取引のない系列外企業との取引のチャンスを獲得できることです。われわれの中国駐在経験でも、家電メーカー等の大手企業からは「部品メーカーならだれでも、いつでもお会いしたい」、自動車メーカーからも「日本でも中国でも系列は関係ない。部品メーカーの進出サポートを積極的にやってほしい」といわれています。

中小企業金融公庫（現・日本政策金融公庫）が中国進出取引先に毎年実施するアンケートでも、七〇％の企業から、「中国進出で日系、欧米系、台湾系、韓国系との新規取引ができた」との回答が寄せられています。

3 「小さく生んで大きく育てる」

中国進出の基本的心構えは「小さく生んで大きく育てる」に限るということです。これは何にでも当てはまる格言ですが、中国進出では大事な意味をもちます。われわれの経験では、中国進出は小さいプロジェクトも大きいプロジェクトも遭遇する問題は内容もタイミングも共通、違いは問題の大きさだけといっても過言ではありません。

ある日本の大手自動車メーカーの社長が、中国の大手自動車メーカーとの包括的業務協定調印式の後の記者会見で、「わが社は中国では小さく生んで大きく育てる方針でまいります」といっておられましたが、先行して進出していた関連会社の実情を聞くにつけ、この感を強くしていたのではないかと思われます。最初の中国プロジェクトは経済採算のとれる最小の規模でスタートし、余裕をもって中国ビジネスのノウハウの蓄積、中国ビジネスに携わる人材の育成を図るのが賢明です。

なお、合弁の場合、中国側は現金出資ではなく、土地、建物、機械設備等の現物出資が一般的で、出資比率に見合う評価額にするため鉛筆を舐める、すなわち恣意的に数字をふくらますわけですから、プロジェクトは大きければ大きいほど中国側に有利になる道理であり、プロジェクトはついつい大規模になりがちであることに注意していただきたいと思います。

4 合弁パートナーの選定

世界からの対中投資件数の統計をみますと、一九九七年以降独資の件数が合弁の件数を上回っており、たとえば二〇一〇年実績では、合弁四二八三件に対し、独資は一万八七四一件と合弁の四倍以上の割合になっています。この背景としては、たとえば独資企業は製品の五〇％以上を輸出することを義務づけられていましたが、ＷＴＯ加盟を見据えた二〇〇〇年一〇月の法律改正でこの輸出義務条項が撤廃されるなど、独資企業に対する規制が大幅に緩和されたことがあげられます。しかし、全体としてみれば、自動車組立てや自動車部品の一部、流通、物流分野の一部等数多くの分野で依然として合弁が義務づけられているなど、合弁プロジェクトの件数も引き続き高水準にあることは間違いありません。

また、中国事業の成否は製品の市場性があるかどうかが最大のポイントであることは日本での事業の場合とまったく同じですが、特に合弁の場合には、よいパートナーに恵まれるかどうかも非常に重要な要素となります。

「中国での合弁事業はよいパートナーに恵まれれば九〇%は成功」といわれます。私も同感です。ではどうやってよいパートナーを探すか。残念ながらマニュアル的決め手はありません。進出目的、業種、地域等考えられるあらゆる角度から、今後二〇~三〇年一緒に事業をやっていくに相応しいかどうかを調査し、最後は経営判断といった抽象的なアドバイスが正解ともいえます。ただし調査の際、以下の点にはご留意ください。

(1) 行政トップの紹介に安心しないこと

中国の行政トップ(市長や主任、局長)の紹介は、必ずしも事業の最適先紹介というわけではありません。合弁件数のノルマ達成、個人的コネ(息子や縁戚がいる)、自分や部下の天下り先確保、赤字国有企業の立直しという場合も多く、行政トップの紹介だからということで気を緩めずに、しっかり調査をすることが肝心です。

また、友好都市の訪日団、訪中団の関係のなかでのパートナーの選定は、日中双方でそれぞれ団長クラスの市長や知事から急がされやすいので、当事者としてはより慎重な対応が必要です。

もちろん合弁パートナーを関係行政当局に頼んで紹介してもらうというのはよくあることで、行政当局の紹介がすべて駄目というわけではありません。紹介された相手を慎重に納得いくまで調べることができるかどうかがポイントです。

(2) 必ず複数の候補先を比較検討

特に行政トップの紹介の場合、一社だけを検討するのは避けて複数の候補先を比較検討し、断る退路を確保しておくことが大事です。一社だけだと断ったときの反響が大きく、別の案件で仕返しや横槍を入れてくる可能性があります。

先方の行政トップは「この相手が最良です」というので、紹介先が一社のケースが多く、複数紹介を口にするのがむずかしいのが実情ですが、初期の段階から自分の考えをきちんと伝える心構えが重要です。

(3) 中国側パートナーは単数が望ましい

中国人は合理的な物の考え方をしますが、行動はメンツを優先する場合が多いので、中国側パートナーが複数の場合、事業運営面でトラブルが発生しやすく、些細な行き違いの積重ねにより、中国側同士で抜き差しならないこじれた関係になりやすい傾向があります。

よく当該業種の上部機関の実業公司、あるいは同じ行政系統の貿易部門（販売部門）が参画するとプロジェクトの批准がスムーズにいくといわれて、わずかな出資シェアで関与するケースがありますが、避けていただきたいと思います。現在の中国では規定や法令がかなり整備されていて、それに従って手続きを進めれば多少の早い遅いはあっても、批准が極端に遅れるケースは少なくなっています。それよりも日本で開かれる董事会に参加する（海外渡航する）人数の調整でもめたり、販売価格や輸出価格の設定でもめてギクシャクした関係になるケースがあります。中国側は一社のほうが、交渉や運営がスムーズに進みます。

(4) 香港・台湾企業との共同進出は、長年の信頼関係が大前提

言葉の問題もなく、生活習慣が共通で中国側の動きを把握しやすいということで、香港・台湾企業と一緒に出ることをよく勧められます。また、たとえば台湾人はやはりわれわれ日本人よりは中国や中国人のことを熟知しており、取引条件などはとてもシビアに考えていて頼りになるといわれます。たしかに道理がありますが、一つ忘れてはならない大前提があります。それはパートナーとなる香港・台湾企業と長年の取引関係、信頼関係があるということです。どんな有名な人に紹介されても、初めての相手というのは避けていただきたいと思います。言葉に不自由しませんから、中国側と結託し、いろいろ仕組まれるケースがあります。

もちろん、中国政府の外資導入に係る台湾政策は「政経分離」ですから、日本企業が台湾企業と一緒に進出することは、むしろ大歓迎です。

さらに、二〇一〇年六月二九日、中国は台湾との間で「海峡両岸経済協力枠組み協定」（ＥＣ

FA）を締結し、中国と台湾との経済貿易関係をいっそう緊密化する方針を打ち出しました。経済交流の実をあげて政治面の力関係を中国に有利に転換し、ゆくゆくは台湾を平和的に統合しようとする戦略にほかなりません。

したがって、日本企業が信頼関係にある台湾企業と共同で中国に進出することは、中国企業との合弁であれ、外資側一〇〇％の独資であれ、中国側は基本的に歓迎です。

なお、台湾からの対中投資はバージン諸島や米国経由の迂回投資も多く、すでに累積で三〇〇〇億ドルを超えているといわれており（日本からのそれは七〇〇億ドル超）、中国に駐在したり住んでいる台湾人は一五〇万人に達するそうで（人口二三〇〇万人の台湾では、日本の七〇〇〜八〇〇万人に相当する）、中国と台湾の経済関係は相当緊密であることは注目すべきだと思います。

以上、合弁パートナー選定の留意点の一端を紹介しましたが、もし、すでに立ち上げた皆さんの事業で該当する点があれば、今後は予想されるトラブルが発生しないよう、日本からの派遣者は日常細心の注意を払うことに尽きます。もちろん、よいパートナーだけれども、中国側から派遣される責任者個人の資質により事業が左右されるケースが多いのも中国事業の特色です。責任者が変わって、その人物が自分の成績をあげたいために、従来の慣習を無視し、独自色を出そうとして、よからぬことを考え始めるケースもよくあります。

また、とても我慢ならない人物が派遣され、長い交渉の末に別の人物に変えてもらったところ、配当を実施できるまでに運営が好転したケースもあります。

弊行と中国の超大型国有企業との合弁リース会社の例では、中国側から派遣されてきた副総経理が自社の関連企業向けファイナンシングリースを次々に審査抜きで承諾してしまい、大変困りました。日本側は相手のメンツも考えて日中双方の総経理、副総経理の交替を申し出たところ、中国側パートナーのトップが「設立間もないのに人事異動は変だ」として調査した結果事情が明らかとなり、「大変申し訳ないことをした。中国側副総経理を更迭する」といわれました。かわりの副総経理は大変優秀な人材です。当該リース合弁会社は不良債権ゼロで配当を続ける優良企業です。

日中双方ともに、派遣人材が合弁事業の成否を決めるポイントでもあります。

5 進出地域の選定

(1) 一カ所で全土対応は困難

中国進出にあたっては、広い国土（米国より若干広い、日本の二六倍弱）のどこに進出するかが事業の成否を決める重要なポイントの一つであることはいうまでもありません。業種（消費財―大衆顧客向け商品なのか、産業資材―部品、素材、原材料なのか）、進出目的（加工輸出型なのか、中国国内販売型―中国マーケットねらいなのか）、工場立地要件（原料立地なのか、消費立地なのか）等さまざまな角度から入念な調査・検討が必要です。それらの検討はここではひとまず脇に置いて、中国での進出地域の考え方における共通のポイントをあげれば、まず、一カ所の現地法人、工場で中国全土をカバーするのはとても無理があるということです。

理由の一つは物流のネックです。中国の高速道路網は二〇一〇年末現在七万三〇〇〇キロメートルと公表されていますが、これは米国の八万九〇〇〇キロメートルの約八〇％で、中国の高速道路網整備はいまだ発展途上にあります。ちなみに国土面積が中国の二六分の一である日本は七〇〇〇キロメートル弱です。したがって、陸上自動車輸送だけで遠隔地にタイムリーに品物を届けるにはまだまだ障害が多く、他の輸送手段との組合せや、工夫が必要といわれております。トラックの長距離輸送の場合、途中で荷物の積替えや運転手の交替があり、上海から送ったステレオが二一五〇キロメートル離れた重慶に着いた時はレンガになっていたり、広州から送ったエアコンが一六五〇キロメートル離れた上海で丸太棒に化けていたり、途中山賊まがいの集団に通行料をせしめられたりといった事故を仄聞します。

ただしこれは過去五年から一〇年前の事例で、最近は高速道路の整備が急ピッチで進み、これに伴い輸送上のトラブルも減少してきています。とりわけ日系の物流・運送会社の経験の蓄積と拠点展開により、少なくとも沿海地域における物流関係の信頼性が相当高まってきていることはたしかです。また、事業開始初期の物流ルート開拓段階では、上述のような古典的トラブルに巻き込まれる可能性は否定できませんが、二回、三回とルートチェックをすることにより、安全なルート確保のメドが立つというのが昨今の経験者の話です。ただし、まだ内陸、奥地への輸送では引き続き警戒が必要です。日本から新疆ウイグル自治区向けの医療機械設備を輸出した時に、担当した日本の運送会社が同自治区に駐屯する解放軍の護衛をつけて、天津港から無事品物を送り届けたという工夫と経験は、このあたりの事情を雄弁に物語っています。

中国の鉄道網は二〇一〇年末現在九万一〇〇〇キロメートルで、米国の二二万六〇〇〇キロメートルや日本の二万七〇〇〇キロメートルに比べればやはり発展途上にあるということになります。中国の鉄道輸送の大きなメリットは自動車輸送に比べコストが格段に安いということですが、鉄道輸送の七〇%は、軍需物資、食糧、石炭で占められるため、民間企業とりわけ外資企業が安定的に貨車を確保するのはきわめて困難といわれています。さらに、混載は貨車が満杯になるまで動かさないために、どうしても一時に大量の輸送を余儀なくされます。また、軍事上の事情からか貨物列車の時刻表はいまでも非公開のため、工場生産の工程にあわせてタイムリーに物を運ぶのがむずかしく、この面からも鉄道輸送の利用はなかなかむずかしいといわれています。

以上のように物流のハード、ソフト両面ともに中国は発展途上にあり、遠隔地にタイムリーかつ安全に物を運ぶには解決すべき課題が多いのが実情です。なお、中国における高速道路の毎年の竣工距離は、二〇〇八年：六四〇〇キロメートル、二〇〇九年：四七〇〇キロメートル、二〇一〇年：八三〇〇キロメートルです。日本の稚内—東京—福岡—鹿児島が二六〇〇キロメートルですから、いかにすごいスピードで高速道路建設が進んでいるかがわかります。

一カ所の工場で全土対応が困難な二つめの理由は、売上債権回収問題です。

中国には手形法がありますが、何回不渡りを出してもペナルティはなく、また日本のように全国統一の手形決済制度がありません（日本のような全国統一の手形決済制度の存在は世界的にも珍しいといわれていますが……）。したがって、遠隔地に物を販売してそれを手形で回収するのはむしろ危険でもあります。また中国では、長年の社会主義体制で「ある時払いの催促なし」の習慣が定着し、買った代金をきちんと支払う習慣が薄れてきているようです。「いかに代金支払を先延ばしするかが財務担当者の腕の見せ所」というのもあながち言いすぎではないようです。「三角債」（代金未払債務の付け回し）という一般名詞が存在するくらい、代金未払いは広く一般化しており、したがって遠隔地に掛売りするのはすなわち代金回収不能を意味するといっても過言ではありません。

(2) 五つの経済圏

中国には、一人当りGDPが五〇〇〇～七〇〇〇ドルといった比較的経済集積度の高い経済圏が少なくとも五つはあります。東北地区（遼寧省、黒龍江省、吉林省）、華北地区（北京市、天津市、河北省、山東省）、華中地区（重慶市、四川省、湖北省）、華東地区（上海市、江蘇省、浙江省）、華南地区（福建省、広東省、広西チワン族自治区、海南省）で、その人口はいずれも一億～一億七〇〇〇万人、日本の国が一つすっぽり入る規模です。したがって、特に大衆顧客向け商品の場合等は、まずこれらの地域のいずれかに的を絞って進出地域を選定するのが一つの考え方ではないかと思います。北京市、天津市、上海市、広州市など大都市や省都はすでに一人当りGDPは一万ドルを優に超える水準になっています。

資生堂はまず北京市に進出し、次に上海市を攻め、現在全国展開をしています。サントリーはまず上海市を攻略し、シェア四〇％以上を確保したうえで、いまは江蘇省、次に浙江省を攻め、華東地区一億三五〇〇万人のシェア四〇％を目指しているように思います。イトーヨーカ堂は成都市と北京市での大型スーパー展開を推進しており、系列のセブン-イレブンも北京市からコンビニ展開をスタート、今後は成都市でも本格的展開を考えています。ローソンは、上海市を中心に三〇〇店を展開しており、今後は重慶、大連、その他の大型都市を中心に全国展開を目指しています。二輪車で重慶市に進出したホンダは、ここで中国事業のノウハウを培い、乗用車ではまず広東省を攻略し、次にＳＵＶで湖北省武漢市に進出、さらにどのメーカーよりも早く中国からの乗用車輸出に着手しているようにみえます。

日本や欧米の自動車メーカーは、長春、天津、北京、上海、広州、そして武漢、重慶と全国的に点在しており、自動車部品メーカーおよびその二次下請、三次下請メーカーは、どこに進出したらよいのか迷っているケースがよくあります。私は、まず最も親しいあるいは取引可能性の高いメーカーに近接する地域に進出し、確実に商売を確保し、中国事業のノウハウを蓄積し、人材育成を図るべきではないかと考えます。比較的短い期間に高速道路網の整備も進み、他地域へのアクセスも改善されるとともに、会社自身中国事業にも慣れ、第二拠点、第三拠点の展開を容易に考えられる水準に達してくるのではないかと思います。一九九〇年代前半に中国進出をお手伝いした多くの事業経営者から「苦労は多かったが、あの時進出を決断してよかった。いま、第二拠点、第三拠点を考えるのに、それほど迷わずに検討を進めている」という声が寄せられています。

6 他人任せ、中国人任せ

対中進出支援を標榜するコンサルタントのなかには自分のアドバイスの手口を知られたくない、開示したくないためか、「○○○○万円出していただければ、会社設立までいっさいの手続きを代行します」といったセールスをする方もいます。これでは替え玉受験を勧めることになってしまいます。替え玉受験で一番困るのは合格した本人（＝中国に派遣された社員）なのです。いろいろ苦労して行政当局とやりあうことも、会社運営上重要なコネになるので、自社の人間がコンサルタントと一緒になって仕事を進める必要があります。

また、「中国事業は中国人に任せるのがいちばん」といって中国現地法人に日本人社員を派遣しない経営者もいますが、自らトラブルが発生するケースをつくっているようなものです。

資金管理がルーズとなり、購入資材の流用・横流し、製品の横流し等で、日本から監査役が出張して調べてもらちが明かないケースも発生します。

最初は日本人を派遣し、マニュアルをつくり、これを周知徹底させ（ほぼ毎月教育、研修を行うくらい徹底する）、そのなかでナショナルスタッフを教育し、幹部を育成していくことが重要です。四つの中国工場をすべて別々の中国人総経理に任せて成功している例、中国人スタッフを第一工場の副総経理から総経理に昇格させ、第二工場も建設計画段階からすべて責任者として任せている例など、いわゆる人の現地化を実現し成功している例も多数ありますが、いずれも最初からではなく、長年の教育、実践を通じて鍛え上げられた中国人からさらに選抜して要職に就かせています。

7 批准権限違反の疑いのある地方政府批准

本来中央の行政当局の批准を得るべきプロジェクトにもかかわらず、進出先地方政府（市政府や省政府）が「中央批准はいろいろ干渉が入り時間がかかる」といってプロジェクトを分割し、地方批准ですまそうとする事例があります。しかし、将来いろいろな問題が発生する可能性が大きいので、関係規定にのっとってオーソドックスに対応することが肝心です。

従来、一件当り総投資額（＝設備投資総額と当初五年程度の運転資金所要金額の合計）が三〇〇〇万ドルを超えるプロジェクトは、原則として中央批准を取得する必要があり、「外商投資産業指導目録」の制限項目（プロジェクト）に該当するものは、三〇〇〇万ドル以下であっても中央の関係行政当局と協議してどのレベルの批准を取得すべきか確認する必要がありました。また、総投資額が一億ドルを超える大型のもの、あるいは資金調達、原材料調達、環境対策等で国家の総合バランスの調整が必要な大型鉄鋼・製紙・化学プロジェクト等は、同様に中央の関係部門と協議してどのレベルの批准を取得すべきか、いかなる条件をクリアすべきか、確認しておく必要がありました。

二〇〇四年七月の「国務院の投資体制改革に関する決定」を経て、同年一〇月の「外商投資プロジェクト認可暫定管理弁法」の公布、施行、二〇一〇年四月の「国務院の外資利用業務をより一層遂行することに関する若干の意見」、同年五月の「外商投資プロジェクトに係る認可権限委譲業務を遂行することに関する通達」により、概要次のように変更になりました。すなわち、「外商投資産業指導目録」の奨励項目、一般許可項目については、総投資額三億ドル（制限項目は五〇〇〇万ドル）以上のプロジェクトは、国家発展改革委員会がプロジェクト申請報告の審査確認を行い、総投資額五億ドル（制限項目は一億ドル）以上のプロジェクトは、国家発展改革委員会の審査を経て国務院の審査確認が必要となりました。総投資額三億ドル（制限項目は五〇〇〇万ドル）未満のプロジェクトは地方の発展改革部門が審査確認を行うことになりました。

なお以上の審査確認を得た後に、総投資額の規模に応じて、商務部または地方政府の審査認可機関（商務部門）の契約・定款および会社設立についての審査認可が必要となります。中央と協議してもプロジェクトを否定されるわけではなく、プロジェクト推進に際しクリアすべき条件等が明確になり、安心して事業を行うことができますので、それほど心配することはありません。

突然通告された原材料輸入制限の緩和を要請するため、上場準備のため、あるいはＷＴＯ加盟による規制緩和を享受するため中央行政当局と協議するとき、もしプロジェクトに決裁権限違反があるとまともに対応してもらえない可能性がありますので、十分注意が必要です。

8 華僑ブローカーや議員、著名学者の紹介・仲介

華僑ブローカーは決してボランティアではありません。仲介謝礼や契約成立報酬が目的であることが多く、契約調印を急いだり、プロジェクトを大きくしたがる傾向が強いので、その利用にあたっては十分注意が必要です。

議員が介在しているプロジェクトについても、本人に確認してみると、実はプロジェクトを推進している事業家は大変親しく有力なスポンサーであることは間違いないのですが、当該中国プ

ロジェクトのことは何も知らされていない、または知っていても支援を約束した覚えはないという例があります。議員も国会議員だけでなく、県議会議員や市議会議員のケースもあり、さまざまです。

あるハイテク案件の場合、その分野では学界のトップクラスの権威者といわれる大学教授が設立発起人に関係しているかのようなプロジェクトでしたが、本人は「名刺交換はしているが発起人に同意したことはない」という例がありました。

いずれにしても、著名人が介在するプロジェクトは本当に当人がプロジェクトの内容も知らされ、支援を約束しているのかどうか、なんらかの手段で本人に確認してみることが必要となります。

また、議員や学者が関与しているからといってプロジェクトが順調に進むとは限らないことも説明を要しないでしょう。現職の国会議員が自ら手がけたプロジェクトでありながら、てこずって苦労しておられた事例もありました。選挙で落選した後もかかわり続け、遂には中国で客死された元議員の例もあります。

各地の講演会や企業内勉強会でも「心あたりがある」との反応が多いので、以下では具体的事例を紹介して、注意を喚起させていただきたいと思います。なお事柄の性格上、当事者が容易に推測されることを避けるため、業種や場所については脚色させていただくことをお許しいただきたいと思います。

a　悪質ブローカーの特色

中国ビジネスにおける悪質ブローカーは、中国人、台湾人、香港人などいずれも中国語圏の華僑が多く、大半の悪質ブローカーに共通しているのは、流暢な日本語を駆使し、しかも丁寧な敬語も使い分けることができることです。なかには、日本留学中の中国人留学生が、日本語を武器に中国の父親と一緒に日本の経営者に取り入る例もあります。日本企業の経営者で中国語を話したり聞き取ることができる人はあまりおりませんから、日本語が流暢な中国人というだけで、信用してしまう、あるいは頼りにしてしまう傾向があります。言葉が達者なことと、人柄がよいかどうか、仕事ができるかどうかはまったく別の問題であることを冷静に考えていただきたいと思います。よくブローカーが日本語ができるということで、通訳も兼ねているケースがありますが、これは悪質ブローカーにとって思うつぼです。事を自分に有利にするために、自分に都合の悪い話や、日本側に知られたくない話は省いてしまうことがよくあります。ブローカーを通訳とする場合には十分な注意が必要です。

悪質ブローカーに共通なもう一つの特色は、彼らの話はすべてがでたらめというわけではなく、かなりの程度まで正確なことです。彼らは相当の情報を集めて近づいてくる習性がありま す。そして人脈や中国当局とのコネの強さを自慢するわけです。日本の経営者も流暢な日本語で会話がスムーズにいくうえに、かなり正確な情報をもっているということで、いっそう頼りにしてしまいます。私どもがいろいろご忠告申し上げても、「それにしてもあそこまで知っているというのは、相当政治力がある証拠だ」と信じきっています。

悪質ブローカーの話は、肝心なところ、すなわち問題の核心部分があいまいです。最も多いのは、資金の決済、受渡しに自分が介在してピンハネしようとして、話の辻褄があわなくなっているケースがあります。また、「工作資金」というあいまいな使途のお金を要求してくるケースもあります。

悪質ブローカーに共通とはいわないまでも、よくある特徴は、自称する職業が宝石、美術品、骨董品を扱うなど一般の人にはあまりなじみがないケース、したがってその人物の品定めに直感が働きにくいケースがあります。骨董商を名乗るブローカーが締結した対中投資のコンサルティング契約書の住所が、東京の南青山通り（通称「骨董通り」）なので、念のため現地に出向き調べたところ、テレビでもなじみの有名ディベロッパーのマンション所在地と一致、マンションのなかには該当する個人名や会社名はなく、近所にある社歴一〇〇年を誇る骨董の老舗の社長にヒアリングしても、「この近辺でそのような中国人の骨董屋の名前は聞いたことがない」といわれました。

後述fの国家要人の親戚と称する女性ブローカーの名刺に並ぶいくつかの肩書にも、中国の美術品関係団体の役職名が印刷されていて、おまけに役職名の英語のスペリングが間違っているという念の入りようです。

さらによくある特徴は、自分の氏素性について、われわれが一見調べようがない大風呂敷を広げて語っていることです。いわく「某地方都市の某市長の経済顧問」「某現役国家要人と親しく、いつでも食事できる関係」「中国の有名な某歴史上の人物〇代目の末裔」「ラストエンペラーの親戚筋」「香港の某大物財界人の縁戚」等々何でもありです。「某」は実名で語られるので、日本人はたやすく信用してしまいます。われわれは何とか工夫して、事実関係の確認に努めます。

b　ブローカーは相手側（中国側）と利害が一致しやすい

一般的にブローカーと相手側の利害が一致しやすいことに留意していただきたいと思います。

一つは、プロジェクトを大きくしたがります。プロジェクトが大きくなればなるほど、ブローカーが手にする成功報酬が多くなる道理です。相手側もプロジェクトが大きいほど、点数を稼げて、成績をあげることができます。合弁の場合、相手側は現金出資はゼロかわずかな金額で、出資の大半は、土地・建物・機械設備などの現物出資です。プロジェクトが大きくなっても、現物出資の評価額を、出資比率に見合うようにふくらますだけですから、プロジェクトは大きいほど、相手側に有利になります。

二つは、むやみに調印などを急ぎたがります。早く話をまとめて成功報酬を手に入れたいからです。これも早くプロジェクトを仕上げて一日も早く点数を稼ぎたい相手側の思惑と一致します。

c　謝礼は市内の別荘一棟

日本で有数のAVメーカーが、某沿海都市の郊外で工業用地取得の相談におみえになりました。プロジェクトの責任者は海外事業担当常務で、後に社長に就任された実力者です。常務のご案内で現場に行くと、すでに地元の鎮長（日本の村長に当たります）と香港の女性ブローカーが待ち構えていました。一級国道に面した広い農地です。しかし、国道と農地の間には農業用水路があります。敷地内には小さな溜池があります。敷地の隅には高圧の電線が斜めに走っています。鎮長は必死にまくし立てます。

「農地転用の交渉に協力します。農業用水路に蓋をかぶせ、溜池は小さいので埋め立てるよう農業委員会との交渉に協力します。高圧線は張り替えるよう供電局（電力会社）との交渉に協力します。この土地代は周辺のどこよりも安く優遇します……」

私は責任者の常務に申し上げました。「鎮長は農業委員会や供電局との交渉に協力するといっているだけです。解決するとはいっていません。外国人や外国企業が農業委員会や供電局と交渉するのは至難の業です。大変な時間とエネルギーを要します。最後はお金で解決せざるをえません。結局は相当割高な土地になりかねません。工場建設を急ぐなら別の土地を探すべきです」

しかし、鎮長と一緒にこの土地を勧める女性ブローカーは、本社の中興の祖といわれる実力者会長ご指名の人物であるため、常務も簡単には断りにくくおおいに悩んでいました。私はゼネコンの合弁の総経理を務める一級建築士の知人に現地を評価してもらいました。われわれが述べた理由のほかにさらに三～四点の専門家のコメント（軟弱地盤、土壌汚染リスク、排水溝工事の必要性等々）をあげて、「工場建設を急ぐならよそにもっとよい土地があるはず」といわれました。常務も専門家の指摘に納得して、本社会長に報告し了承を得て、そこから車で三〇分ほど離れた国家級の工業開発区に土地を求めました。その後、成功したら女性ブローカーは市内の別荘を一棟もらえることになっていた、といった話も漏れ伝わってきました。

d　前金四〇％のうまい話

弊行地方支店より、建築関係有力取引先に対し自社主力製品の住宅一〇棟を前金四〇％で買いたいとの注文が中国から入り、間には中国人のブローカーA氏が介在しているが大丈夫だろうかとの打診がありました。

弊行中国部門の担当者が事情聴取してみると、一〇棟が成約すると、ある沿海地区地方都市の郊外で一〇〇〇戸のリゾート開発プロジェクトがあり、それへの参入の道が開けるとのA氏からの願ってもないよい話です。社長がおっしゃるにはA氏は当社考案の住宅の特色を理解する建築のプロで信頼できそうな人物だ、また交渉で中国に行けば毎回パトカー先導で大歓迎を受け、建設部門担当副市長とも大変親しくなっているということで、すっかりこの商談に乗り気になっておりました。

私どもが四〇%の前金は好条件ですが残り六〇%の支払条件はどうなのかお聞きすると、「一〇〇〇戸のプロジェクトが動き出せば、一〇棟の六〇%分は問題なくカバーできる」とのA氏の説明をあまり疑っていませんでした。私どもは、過熱投資の引締めが始まろうとしている時期に大型リゾート開発プロジェクトが動き出すとは思えないこと、たまたまA氏が弊行都内支店有力取引先の中国でのサービス業関連プロジェクトにも関与していることがわかり、決して建築のプロではなく普通のブローカーであることをお伝えしてようやく断念していただくことができました。三年近く経った時点でも当該リゾート開発プロジェクトなど話題も出ませんので、私どもの見通しは間違っていなかったと思います。本件の特色は、四〇%前金という好条件で住宅一〇棟を詐取しようとしていたこと、残金六〇%の支払条件が、一〇〇〇戸のリゾート開発プロジェクトの話にすり替わってあいまいになっていること、ブローカーの話術の巧みさ、パトカー先導の大歓迎で日本側社長をすっかりその気にさせる独特の接待術、宴会に市長や副市長も出席していて、あたかも市政府推進のプロジェクトのように錯覚させる舞台設営などがあげられます。市長や副市長は決してプロジェクトの支援などは口にしていないはずで（口にすれば嘘になります）、黙って座っているだけで日本側が勝手に市政府が支援してくれるものと思い込むよくあるパターンです。

e　財界首脳の通訳

弊行都内支店の有力学校法人取引先が中国の某大都市で語学学校を設立する話が進んでいました。介在するブローカーB氏は、日本の某有名私立大学を昭和X年卒業、中国の日中関係団体の役員、日本の某財界首脳訪中の時は通訳を務めるなど、自分の政治力、政治的コネを盛んに宣伝しておりました。私どもは語学学校設立の趣旨は大変よいことであり、積極的にお手伝いさせていただこうと思い、学校設立に関する法令なども整理してご説明し、中国側パートナーとの話合いにも立ち会わせていただこうとすると、B氏に頑なに拒否されました。またB氏が自分で通訳しているとお聞きしたので、公平を期するため弊行職員のサポートを申し出ましたが、これもB氏に拒否されました。教育関係の崇高なプロジェクトを遂行するにしてはあまり相応しくない印象を受けましたので、B氏の経歴の確認をしたところ、三つの経歴はすべて事実無根でした。

某私立大学卒業生名簿には名前は見当たりません。日中関係団体の外事処に問い合わせてもかかる役員はおりません。その団体の会長にも人を介して問い合わせましたが、「自分はB氏を知らない」との返事。財界首脳の会社や所属する経済団体にも問い合わせましたが「聞いたこともない人物」との回答です。結局本件は中国側パートナー候補との話合いが進展せず——憶測ですが、おそらくB氏は何かをもくろんでいたものの私どもの介入で予定が狂ってしまったのかもしれません――本件プロジェクトは中断しました。

ブローカーが自慢する本人の経歴は、具体的であれば必ず調べて確認することができるということです。

f　国家要人の「親戚」

ある地方の医療法人に、中国国家要人Y氏の「親戚」と名乗る女性ブローカーC氏から次のような話が持ち込まれました。「現役を離れて久しいY氏の健康増進と長寿を維持するために、Y氏の故郷のZ市に、日本の最高水準の医療設備と医師を備えた病院をつくってほしい」。ちなみにY氏とC氏は同じ姓です。

まずC氏がY氏の「親戚」というだけでは情報不足です。先般惜しくも亡くなられた「中国の赤い資本家」といわれた栄毅仁氏は一九八〇年代、改革開放の道を歩む中国をよく知ってもらおうと、世界中の親戚を中国に呼んだところ約五〇〇人が集合したというニュースをみたことがあります。C氏とY氏の関係はわかりませんが、このブローカーの話はまったくのつくり話であることは火をみるよりも明らかです。なぜなら現役を引退しているとはいえ、かつての国家要人が自分の健康情報を外国人（ここでは日本人）医師に開示することなどありえません。昔、鄧小平氏は米国のＣＩＡに少なくとも二回以上「前立腺癌」情報を流されています。それほどに中国国家要人の健康情報はトップシークレットです。さらにY氏クラスの人物であれば、彼の鶴の一声でほしい物は即日何でも手に入れることができるはずです。日本の一医療法人に頭を下げて病院をつくってほしいと頼む必要はさらさらありません。

学校とか病院とか製薬とか薬の小売等許認可取得がむずかしいプロジェクトに、悪質ブローカーが入り込みやすいのも特徴の一つです。

それにつけてもいまの世の中、悪質ブローカーには中国の国家要人の家族とか親戚と称するものが多数暗躍しているので、ご注意いただきたいと思います。

g　工作資金の要求

悪質ブローカーの行動の特色の一つに「工作資金」の要求があります。私は一般的にブローカーは不要と考えていますので、この工作資金も不要です。

ある沿海都市の大型文化施設の設計コンペに応募した日本の設計会社の会長から「市政府の文化部門の最高責任者だった人物から一五〇〇万円の工作資金を要求されているがどう考えるか」との相談を受けました。

私は「工作資金はいつ、だれにいくら手渡すということを明らかにする必要のない、領収書のない使途不明金です。昔ならいざ知らず、最近の中国では不要です。むしろ犯罪の原因になるケースが多いので、外国人は手を出さないほうが無難です」と申し上げました。結局工作資金は一銭も使わずに、当該設計会社の作品がコンペで選ばれました。

またある大型化学プロジェクトで、ドイツと競った日本・某国連合組に、中国の著名な政治家の一族が経営するコンサルタント会社から、数千万円の工作資金の要求がありました。私どもは中国国内需要の見通しを立て、いずれ二つのプロジェクトは必要であることを国家発展計画委員会（当時）首脳に説明し理解が得られたので、かかる工作資金は不要であることを説いたのですが、某国のメーカーの会長はドイツに勝つためにはやむをえないとの判断で数千万円を支払いました。当該コンサルタント会社はほどなく倒産し、工作資金の所在も不明です。しかも当該大型化学プロジェクトはドイツも、日本・某国連合もともに認可されました。

以上私どもが実際に経験した悪質ブローカーがらみの事例の一端をご紹介しました。ブローカーを使われる際ご注意いただく点をご理解いただけたのではないでしょうか。皆さんの会社の対中進出プロジェクトで、頼んでもいないのにブローカーのような人物が現れたら、内心喜んで丁寧に仲介を謝辞していただきたいと思います。なぜ内心喜ぶか。それはキチンとやれば成功する確率が高い案件だからです。悪質ブローカーはかかる情報を聞きつけては、蜜に群がる蟻のように近寄ってくる習性があります。したがって「内心喜んで丁寧に断る」ことをおすすめいたします。

h　中国要人や著名人の家族

中国の大物国家要人の家族と称する人物が、自分の故郷D市の大型開発区のなかに日本企業向け工業団地をつくりたい、しかも、この大型開発区は中国政府が進めている国家級プロジェクトであるといって、有力財界人に出資参加や工場進出を働きかけていた時期がありました。

調べたところ家族というのは事実、しかも日本の元有力国会議員がバックアップしているということも判明しました。当該国家要人はかかるビジネスとは無縁の清貧の誉れ高い人物でしたので、念のため関係中央官庁の幹部に面談して、本当に国家プロジェクトなのかどうかお聞きしてみると、しばらく沈思黙考のあと、「現時点で中国政府が推進している国家級開発区はE市のF開発区です」という返答があり、明らかに当該家族の日本での動きには、常々困惑している様子がうかがえました。

別の商業関連の中国進出案件では、「父親がG市で著名な科学者」の息子と称する人物が、日本本社の社長から任されて、G市に資本金数百万ドルの現地法人を立ち上げました。しかしわずか一年半足らずで資本金を食い潰し（店舗を一店舗開設したものの来店客が少なく、大半を自分と雇いあげた妻と妻の友人の、法外な給与と遊興飲食費に費消）、あえなく撤退を余儀なくされました。

事前調査で、父親は間違いなく著名な科学者であることは確認できましたが、当該息子との面談では、過去に携わったと称する有名企業の対中投資案件の内容説明に虚偽や矛盾が多く、今回の事業に関しても、まったく経験がない分野であることが判明しました。社長にはかかるいかがわしい人物に、数百万ドルの事業を丸投げする無謀に疑問を呈しましたが、社長は「自分が長年親交があり信頼する経済界の知人からの紹介であり、自分の会社には中国ビジネスを任せられる人物がいない」といって突進してしまいました。

これらの事例は、家長はいずれも立派な著名人であっても、その家族は必ずしもまともな人間とは限らない、したがって家長の肩書や地位だけでその家族を信用するのは、中国ビジネスにおいては危険であることを教えています。「中国は人脈の国、人脈がものをいう」とよくいわれる決まり文句で陥りやすい典型的トラブルパターンです。

i　大都市の建設部門担当副市長から再三の儲け話

日本でも有数の食品関係の大手企業の社長が「日本企業は中国に対し、中国事業で得た利益はいずれ還元すべき恩義がある」とH市の幹部との宴会の席で語られたことがありました。これを知ったH市の建設担当の副市長から早速「土地代その他数々の優遇を提供できる」とゴルフ場建設を持ち掛けられました。ゴルフ場建設は「外商投資産業指導目録」で「禁止項目」に指定されているので、まず不可能です。すると次には「H市の郊外に数十万平方メートルの農地を保有する民営企業を安く買収できるが買わないか」と持ち掛けられました。外資企業が農地転用に手を出すことは、相当のエネルギーと多額の工作資金などを要求され、きわめて危険な事業になりかねないことをお伝えして、断念していただいたことがあります。しかし当該副市長は、今度はH市郊外での観光開発事業を持ち掛けてきて、大変執拗にまとわりついている感じがしていました。幸い当該副市長は更迭され（更迭理由は不詳）、日本の社長も中国国内市場の拡大で、本業が活況を呈してきて自己資金も必要となり、このような儲け話にかかわる懸念がなくなり実害を被らずにすんでいます。

市政府の高級幹部からの話といえども、油断がならない事例です。同時に中国で社会貢献事業などは大事なことですが、中国ビジネスでは「贖罪意識」は封印して取りかかるべきと考えます。

第2章

入念な事前調査

1 実査とヒアリング

中国での交渉や調査では、基本的に中国側からの積極的情報開示はありません。当方から聞かない限り何事も教えてはくれません。したがって実査とヒアリングによる入念な事前調査が重要です。経験豊富な日本の銀行、商社、先住の日本人駐在員（現地法人派遣者等）からのヒアリングは有益です。特に物流と工場建設については専門家や経験者の話は不可欠です。中国においては、日本でまったく取引関係のない会社あるいは競合する会社の派遣者であっても、いろいろな体験や業務上の情報、生活情報を教えてくれるケースがよくあります。苦労した人ほど親切です。そしてこれらの実査やヒアリングを通じて、合弁交渉や行政当局との交渉の場で確認すべき事項の詳細なチェックリストを作成することが大事です。余談になりますが、日系の運送会社や建設会社の人は、原料や部品の調達先、メッキ等の外注先、同業他社の進出動向（工場立地の選定状況等）、事故や事件やトラブル情報等実にさまざまな現地情報に詳しいものです。

また、すでに中国進出の実績が多く、しかもよい成績をあげている会社の経営者のなかには、地元の地方政府とも親しい関係にあって、当該地への企業進出を積極的に支援している方も少なくありません。日本でこれらの経営者を訪問し（中堅企業のオーナー経営者が多い）、現地事情や留意すべき事項をヒアリングしたり、場合によっては進出候補地の行政部門への紹介状を書いてもらうことも、事前調査のエネルギー節約と調査の精度を高めるのにおおいに助けとなります。

2 マーケットリサーチ（市場調査）

食品、化粧品、トイレタリー、ファッション等大衆顧客向け商品の中国国内販売事業を計画する場合には、事前のマーケットリサーチが重要であることは論をまちませんが、できれば中国において長年の経験を有する専門のマーケットリサーチ会社の利用をおすすめします。中国人特有の生活習慣や生活環境に起因する味覚やデザイン感覚、色彩感覚は、時に日本人の想像を超えるものがあり、また、中国はいまダイナミックに速いスピードで変化しているだけに、それらの感覚も刻々と変わっていることに留意すべきです。

したがって、中国で長年の経験を有し、その変化を十分認識し、分析能力の優れたマーケットリサーチ会社を選ぶことが大切です。日本で有数の企業が必ずしも中国では役に立つとは限らないというのが経験則です。

また、多くの商品分野では、中国企業の商品との価格競争がますます激しくなってきています。中国市場で勝ち組になるには、品質の優位性を確保しつつ、いかに製造コストを安く仕上げられるかがポイントになります。そのためには、土地代、インフラ整備費、工場建設費、機械設備費、原材料費等を事前調査の段階でいかに安くできるかを十分に研究検討すべきです。個々の項目のコストを検討するときに、「日本と比べたらまだ安い」と思って一件一件の詰めが甘いと、総合してみると結構高いものになっていることがよくあります。日本よりも安いのは当たり前であって、中国企業のコストと比較して、いかに安く仕上げるかが大切です。

3 原材料・部品の現地調達

製造業にとって、原材料、部品の現地調達は製造コスト切下げの鍵を握る最も重要なテーマですが、決して「見本」のみで判断してはいけません。「見本」には多くの時間をかけ、丁寧な仕上げがなされていても、大量注文して届いてみたら、粗い仕上げでバリ取り加工もしていないという例をよく耳にします。食料、繊維、鉱産物等の場合、「見本」はよいところだけを持ち込みますが、大量発注してみたら、虫食いや雑物混入で使い物にならないといった例が後を絶ちません。原材料、部品調達を決める際には、必ず自社の専門家が生産現場や生産工場まで出向き、

「現場」「現物」を確認する必要があります。

また一方で、事前調査で駄目だった国内調達も、半年後には見違えるほど品質が向上し、供給可能になっているという例も多くあります。年々その可能性は拡大していると考えるべきです。要はあきらめず根気よく資質のよい企業を、絶えず探し求める努力が肝心です。また、すでに進出している日系企業の責任者にヒアリングすると、苦労して育て上げたメッキ、射出成型、鍛造等の部品メーカーを快く紹介してくれることも多いものです。それらの部品メーカーの受注が拡大すれば、品質が向上し、コストが下がる可能性がある道理です。

4 中国側パートナーの人民元調達力

中国側パートナーの人民元調達力についてもよく調べる必要があります。特に、現在は国有商業銀行の不良債権削減問題は国家的にも重要な政策課題となっており、新たな不良債権の発生につながるような安易な貸出は厳しくチェックされます。

合弁会社の場合、日中双方が必要な設備資金や運転資金をそれぞれ出資比率に応じて調達することになりますが、中国側パートナーが業況不振だとすると、人民元の資金調達すなわち国有商業銀行からの借入れは相当難航が予想されます。日本側は日本での取引関係のある邦銀の中国の支店から、親会社保証等によって比較的スムーズに調達できるケースが多いのですが、中国側は前日まで「大丈夫です」といっておきながら、当日になって「借りられませんでした」といって平然としています。あわてて日本側が邦銀に駆け込んで頼み込むのは早計です。まず中国側から「本来自分の責任で調達すべきだが、手伝ってほしい、本件借入れに関しては、将来為替差損や金利が高いといった責任は決して追及しない」旨の文書を確保しておくことが肝心です。ある建材プロジェクト（総投資額二〇〇億円弱）で、この文書を確保するのに三カ月かかった例があります。

5　土地の調達

(1)　土地使用権

中国の土地の所有権は一平方メートルの例外もなく、すべて中華人民共和国すなわち国家またはその地域に居住する集団に所属（集団所有）しています。中国で通常土地といえば、それはすなわち「土地使用権」のことを指しています。英国や中国返還前の香港で土地といえば土地使用権を指し、所有権は「女王陛下のもの」であるのと考え方は同じです。

しかも中国の土地使用権は、一般的には公的機関すなわち中央政府の中国国土資源部や地方政府が所有し、国有企業は年一平方メートル当り一～三元程度の土地利用税のみを支払い、ただ同然で使用、占有しています。

われわれ外資側が土地を必要とするときは、有力な市や省あるいは国の委託を受けた国有不動産開発会社（一般には○○開発区管理委員会）が整備開発した「経済技術開発区」（日本でいう工業団地）の土地を買いますが、これらの土地については当該土地使用権が開発区管理委員会に払い下げられているので、土地使用権の帰属（土地購入と同時に土地使用権も購入者に移転する）につきトラブルになるケースは少ないようです。

問題なのは、たとえば国有企業と合弁する場合、中国側が現在使用している土地（無償割当土地使用権）をそのまま現物出資するケースです。本来ならば、中国側が当該土地使用権の払下げ手続きを行い、土地使用権の対価を国に支払ってから、払下げ土地使用権として現物出資すれば何の問題もないのですが、資金がないために対価支払をせず、無断で現物出資することがよくあります。

一九八〇年代や一九九〇年代前半を通じてこのようなケースが多発し、国も後追いでこれらの無償割当て土地使用権を現物出資として追認したため、かかる事例はたくさんあります。通常の会社運営や工場操業に支障はありませんが、無償割当て土地使用権は担保に使えないとか、立ち退きや公的収用に抗弁できないという欠点があり、有無をいわさずしかも補償金なしで工場取壊しを迫られることになります。

もう一つややこしいのは、これらの無償割当て土地使用権をあたかも対価を支払った払下げ土地使用権のように見せかけて、法外な評価額で現物出資しているケースが実に多いことです。担保に使おうとしたり、立ち退きに抵抗したときに無償割当て土地使用権であることが発覚し、長い間いわば騙されていたことが露見して、合弁当事者間の信頼関係が著しく損なわれるケースがよくあります。

したがって、経済技術開発区（昨今は違法な乱開発による開発区も散見されるので、開発区だからといって必ずしも安心はできませんが……）以外の国有企業等が使用している土地の買収や現物出資については、国家土地管理局の地方分局に出向いて土地使用権の帰属関係を確認し（中国人の弁護士に依頼する）、払下げ土地使用権のみを取引の対象とすることが重要です。

中国側が土地を現物出資する場合は、合弁契約書の現物出資の条項に、日本の「土地権利書」に当たる「土地使用証」の提出を、期限を明記して義務づけることも重要です。もし土地使用証の提出がなければ、対価支払すなわち土地使用権払下げ手続きがすんでいないことを意味しますので、早急な（期限どおりの）手続きを要請すべきです。

合弁に限らず、中国で土地にかかわる問題が発生した場合には、土地使用証を調べて土地使用権の帰属関係を確認することがまず第一歩であることを強調しておきたいと思います。

(2) 土地価格

土地価格というのは、土地使用権の値段のことです。これは場所により、時期により、需給関係によりさまざまです。しかし、実際の取引事例で相場というものが形成されていますので、できるだけ多くの情報を集めて有利な条件を確保すべきであることはいうまでもありません。

注意していただきたいのは、一平方メートル当り〇〇ドルというとき、土地使用権の期間が何年間か確認して高いか安いか判断していただきたいということです。通常相場というのは土地使用権の法定最長期間、すなわち工業用は五〇年間、商業用は四〇年間、不動産（住宅）用は七〇年間を基準にしています。たとえば一平方メートル当り五〇ドルが相場と聞いていたのに、合弁パートナーに四〇ドルといわれたからといって喜ぶのは早計です。合弁期間が二五年とすれば、五〇ドル×五〇分の二五＝二五ドルが一応の適正価格といわなければなりません。

土地価格を判断するもう一つのポイントは、インフラ整備状況です。土地代がいくら安くともインフラ整備が不十分では、その整備に多くの費用がかかり、結果として高い土地になってしまいます。工業開発区の土地ではインフラについて、「七通一平」がそろっていると謳われているのが通常です。電気、ガス、上・下水道、通信、蒸気、道路（以上七通）が通っていて、平ら（一平）である状況をいいます。ただしこれだけで安心はできません。そのインフラが事業運営上満足すべき容量なのか、平らといっても標高が十分で付近の川が氾濫しても浸水のおそれはないのかどうか、地盤の強さは大丈夫かどうか等をチェックする必要があります。不足があれば、それを充足するのにどのくらいのコストがかかるのか、そのコストを開発区管理委員会が負担してくれるのか、いつまでに整備してくれるのか等々について交渉し、決まった事項は文書ではっきり確認することが大事です。昨今農地確保のため新規工業開発区設置が原則禁止となりましたが、その前に駆込みで既存の開発区が先を争って拡張を行い、いわば外資誘致合戦が繰り広げられました。したがって外資進出がふえているにもかかわらず、土地代は下落傾向となり、土地代のみならず、必要なインフラ整備についても開発区管理委員会が自己負担するケースがふえ、交渉次第では相当安く土地手当することが可能な状態が続きました。

しかし二〇〇七年一月一日から、国土資源部公布の「全国工業用地譲渡最低価格基準」が発効し、全国の土地が一五等級に区分され、等級ごとの最低土地価格が制定されました。以後土地価格はかなり厳しい監視下に置かれ、従来のような柔軟な対応を期待することはむずかしくなってきています。

(3) 現物出資土地使用権の評価

合弁事業で中国側が土地（や建物や機械設備）を現物出資するケースが多くありますが、この現物出資の評価額については必ずもめることを覚悟してください。

相場を調べて予想している評価額の七〜八倍をふっかけてくるのは当たり前、時には一〇〜一三倍を平気で申し出てきますので驚かないでいただきたいと思います。もしかすると、前述の土地使用権のことや、インフラ条件に触れられることを回避したいため、土地評価額に眼を向けさせるための交渉術（ゲリラ戦法）かもしれません。

いずれにせよ、まず土地使用権の帰属関係、必要なインフラの整備状況、それに価格水準等を総合的に判断して、納得のいく（極力安い）評価額に少しでも近づくよう事前調査段階でメドをつけることが肝要です。

(4) 進出場所の調査

中央政府の許認可を経て設立された正規の開発区といえども、以下のチェックは必要となります。ここでは基本的な確認項目について記載していますので、業種・プロジェクトによってはより専門的な調査が必要となる点を、あらかじめお含みおきください。

① 弁護士等を使い、土地使用権者・集団土地所有形態の有無等を確認してください。そのうえで、進出予定地の土地平面図を入手、面積・方位・道路・高さ等を確認する必要があります。地面の状態（転圧状態）も確認してください。開発区全体のインフラ配置図の確認も必須です。発電所・変電所・浄水場・汚水処理場・雨水排水口・ガス供給・蒸気供給・電話局等の位置と供給容量を確認してください。排水についてはどちらの方向に排水が流れるのかについてもチェックが必要です。

② 土地使用に係る条件である建ぺい率・容積率・緑化率・建物構築物（煙突等）の高さに関する制限・（第二期工事以降に利用予定の）未使用地上建物建設期限の有無等を確認、特に建物建設期限については第一期分も含めてすべて制限を撤廃するよう開発区側と交渉してください。事業に関する許認可取得が遅れたり、事業計画を変更する必要がある場合、建物建設期限は大きな制約要因になりかねません。

企業が進出するときは、開発区側はできるだけ広い土地を売りたくて、「これは定型の土地使用権譲渡契約書なので形式的に期限を記入するだけ」といって、未使用地の建物建設期限を記入し、「実際には貴社の事業計画に柔軟に対応するから心配無用」といいます。後日開発区側の責任者が変わったり、なんらかの事情で空地を探し出す必要があると、これらの建設期限到来の土地を強引に徴収するケースが後を絶ちません。二期工事の約束はしなくとも、土地使用権は購入できます。

③　土地管理局が保管する「旧土地地形図」（二五〇〇分の一～三〇〇〇分の一）を閲覧し、購入予定地のもとの地形に窪地（河や谷等であった場所）がなかったかどうか確認をしてください。平地を装うためにゴミやガレキ等を埋めている可能性もあり、合点がいかない場合は購入を避けるか、開発区管理委員会（以下「管理委員会」と略する）の費用負担で、ゴミやガレキ等を撤去する期日を文書で約束させる必要もあります。さらに撤去後の埋立てについて土砂の種類（水を含みやすい田んぼの土砂は避けるべき）と費用負担、埋立て期限について管理委員会と文書による約束を取り付けることも必要でしょう。

ある日系家電メーカーが、一〇万平方メートルの土地にガレキを埋められ表面に薄く土砂をかぶせられていたため、工場建設に多くの時間とコストを浪費した事例もあります。また、地域によっては山の土砂は一立方メートル当り三〇～四〇元以上となることもあります。

④　化学工場の施設跡地や石綿採掘跡地等で当該用地に汚染物質が検出された場合は、管理委員会の費用負担で撤去し、埋め立てることを文書で約束させてください。

また、購入予定地の地下に埋設されている電線や上下水道管あるいは以前の工場の造作物、軍事施設等の撤去についても同様に文書で約束させてください。

⑤　近隣施設からの臭気・排気・排煙・騒音・振動等の影響を調査してください。また、自らの

工場についても近隣工場施設にどのような影響を与えるか、操業後問題化しないか等について調べてください。特に精密部品を扱う工場やメッキ工場、食品工場等では、春先の黄砂飛来の影響確認も重要です。

⑥　付近の地質調査（ボーリング）報告書のコピーを入手し、地耐力や地下水位を確認してください。購入予定地については自分でボーリング調査を行う慎重さも必要です（深さ二五～四〇メートルで一カ所二万元程度の費用がメドです）。土地購入面積と使用面積の差を確認してください。通常は、道路に面した六メートル程度の公用緑地部分だけ使用面積が狭くなります。使用面積が減少するのはやむをえないものの、この部分を緑化率や建ぺい率の計算に含むよう交渉してください。

⑦　電気・水道等のインフラはすべて購入予定地に接する地点まで、管理委員会の費用負担で、いつまでに引き込むか文書で約束させてください。ただし、インフラの種類と容量によっては管理委員会の権限を越える問題も多く、管理委員会だけでなく担当行政機関に直接確認するケースも発生します。たとえば、電気容量は五〇〇〇ＫＶＡを超えると負担金もふえ時間もかかるため、管理委員会だけでは対応できないケースが多くなります。

⑧　電力の電圧と周波数はプラス・マイナス一〇％以上のぶれがあるという話を、多くの経験者から聞きます。これらの安定性を確保するための設備投資が必要となります。また昨今の電力

不足問題は、早急な全面的解決はむずかしいといわれており、二系統引込み等相応の対策を準備しなくてはなりません。自家発電も、容量、環境対策、燃料調達問題、稼働条件等入念な事前調査が必要なことはいうまでもありません。

⑨　土地使用権譲渡契約書のドラフトを事前に入手して内容を確認、（土地使用権）購入者側に不利益な項目については極力撤回・修正を求めるようにしてください。

⑩　合弁パートナー企業の工場建屋あるいは工場用地を現物出資で利用する場合、合弁パートナー企業の工場全体の入り口から合弁工場までの通路部分について、稼働直前に通行料（使用料）を請求されるケースもあるので、事前に排除しておく必要があります。また、合弁パートナーが電気代や電話代等を長期間滞納すると、同じ敷地内の合弁工場への供給が停止されることもあり、注意が必要です。

⑪　合弁パートナーの市街地の工場・店舗を現物出資で利用する場合、通勤に便利とか集客に好都合と単純に喜ぶわけにはいきません。道路拡張や高架道路建設、都市再開発、地下鉄駅舎建設等で立ち退きを迫られるケースが後を絶ちません。もし底地の土地使用権が国に属していると、補償金なしの強制収用というケースもありえます。権利関係の確認はもちろんのこと、当該地区の交通部門、建設部門、都市計画部門等の行政当局に出向いて、将来計画も含めて詳しいヒアリング調査を行ってください。

ある案件では、文化部門担当の副市長が参加した文化商業施設展開の合弁契約調印式が行われ、市中心部の公共施設の一角に第一号店舗がオープンしたにもかかわらず、わずか一〇カ月後に、市の都市再開発計画により同店舗がその公共施設と一緒に取り壊されてしまいました。副市長なら都市再開発計画を知らなかったとは思えません。

また、他の案件（沿海地区都市に進出した大型合弁案件）では、工場用地の場所が日本側本社役員会において正式決定された直後、当該用地に将来高速道路が建設されることが判明、同じ都市の別の場所を選定せざるをえなくなり、日本側担当責任者のメンツ丸つぶれという事態も発生しました。

いずれも合弁パートナーや行政当局に対し、かかる事態にならないかどうか日本側から確認しなかったため、中国側から積極的な情報開示が得られなかったという、事前調査（関係当局へのヒアリング）不十分の典型事例です。

⑫ 史跡が多い商業都市に建設した日系のホテルが、低稼働にあえいでいるということで、現地視察に出掛けてみました。場所は市の中心部の一角にある好立地です。ところがタクシーの運転手に行き先のホテルの名前を告げると、「中国人はあのホテルをあまり利用したがらない。昔の墓場の跡地だ」というではありませんか。日本の関係する会社（ホテル運営会社、ゼネコン、銀行）から、当該事業は省政府のトップからの要請で取り組んだもの、しかも好立地なの

でその土地の由来について調べることはなかったと、帰国後に聞かされました。丁寧に事前調査をすればタクシーの運転手が知っているくらいですから、容易にいわく付きの土地であることは判明したはずですが、すべては「後の祭り」です。墓場の跡地のホテルで、人生の門出を祝う結婚式や披露宴をとり行うことは考えにくいことです。

別の地方の都市では、進出を検討中の商業分野の大手企業が、当該市の元高級幹部が天下って責任者を務める外郭団体から、市の繁華街の出入り口にある数階建て鉄筋コンクリートビルを紹介されました。当該市の市長、副市長からも進出を熱心に要請されていたこともあり、当該ビルの買収を決めました。中国で初めての事業としては投資規模が大きすぎることから、買収ではなく賃借で慎重に対応されることを進言しましたが、中国側が買収成立の成功報酬をねらって、買収の方向で話はどんどん進みました。

われわれが繁華街の一角のビルが長年手つかずで残っていることに疑念を抱き、当該市出身の弊行職員を使って調べたところ、当該ビルの当初の所有者は黒社会の有力者で、贈収賄がらみの事件で刑死していること、当該ビルの各フロアには異なる債権者がそれぞれ抵当権を設定登記していて、いままで建物の処分について債権者の合意を得るのが困難を極めていたこと等が判明しました。外郭団体の責任者は「心配するな、問題ない」の一点張りです。

案の定、買収には相当長期間を要し、内装工事にも時間がかかり、予定よりもかなり遅れて開業に漕ぎつけました。日本ではプロの開発部隊がいる当社も「中国で日本企業が大型物件を買収するのはむずかしい」と述懐しておられます。不動産物件については、まず権利関係の確認が最優先です。

いずれのケースも省政府や市のトップあるいは高官からの紹介ということで安心してしまい、事前の入念な調査を省いたことから、後々苦労させられた典型的なトラブルパターンです。

6 公害規制

中国は環境保護問題に関しては、日本や他の東南アジア諸国に比べてもとりわけ厳しい対応をするということを認識する必要があります。中央のみならず地方政府レベルでも厳しい環境保護規定があるので、これらの規定類については十分読みこなして理解を深めておくことが重要となります。

合弁パートナーの国有企業が垂れ流し状態で長年操業しているため、その隣接地であれば同じ対応で問題ないと思いがちですが（中国側も合弁交渉では「大丈夫、心配いりません」と説明します)、外資企業には一件の例外もなく法律が厳しく適用されます。パートナーが垂れ流しを続けているのは一種の「地元保護主義」のせいであって、いわば馴れ合いで目をつぶってもらっているにすぎません。

一朝事が起こればたちまち操業停止、程度によっては刑事処罰という事例が後を断ちません。二〇〇二年七月一五日付の中国通信では、八〇〇〇社以上の企業が環境保護局の査察を受け、うち八二三社が操業停止処分、二八三人が処罰されたと報じられています。

また、二〇〇六年三月二七日付日本経済新聞は新華社電として、「環境保護総局は昨年(二〇〇五年)二万七〇〇〇件の河川汚染などを調査し、汚染の原因を作った企業二六八二社を閉鎖、同一七五〇社の生産を停止させた。違法操業した企業の責任者一六三人を処分した」と報じています。

したがって、事前調査の段階で地元の環境保護局に出向き、事業計画中の排出問題の概要を説明、いかなる規制値を守ればよいか、どのような環境対策や設備投資が必要か、自社の排出対策のみならず、周囲の環境に与える影響と対策――水系、大気、生態、騒音や振動等――をヒアリングすることが必須となります。重要事項に関しては文書による確認も行ってください。事前にヒアリングに行けば親切丁寧に詳しく教えてくれます。

また、環境保護問題については、地元の環境保護局に対応権限が委譲されているケースが多いものの、重要事項についてはそうでない場合もあり、間違いなく委譲されているかどうか、一級上の環境保護局に確認する慎重さも必要です。後でもめると予想外の時間とコストを浪費することになる点を肝に銘じてください。

なお、規制値が日本と同じレベルだから対応可能とは限りません。たとえば、COD濃度測定の使用薬品は中国では重クロム酸カリウム（日本では過マンガン酸カリウム）、BOD濃度測定は中国では五日間法（日本では三日間法）というように、中国では日本よりも三〜四倍厳しい規制値が適用されているケースもあります。

最近の相談事例では、電気、電子部品の金メッキ処理事業で、地元開発区は「問題ない」と盛んに勧誘するものの、排水処理後の産業廃棄物処理業者の処理施設を確認したところ、現状のままでは今後の継続的処理委託がむずかしく、立地選定に多くの時間を費やしたという例もありました。慎重な事前調査をお願いします。

7 ゼネコン選定

工場建設は派遣され駐在する人にとって最初の難関です。いかに安く、速く、良質の工場をつくるかが、操業後の製品競争力を左右するといっても過言ではありません。中国では、建設に関する諸規制や届出・審査、習慣（ゼネコンと設計部門の役割分担、施主とゼネコンの力関係）、建築資材調達等ほとんどすべての面で日本とは著しく異なります。建設業者として日系ゼネコンを選ぶか現地ゼネコンを選ぶかの選択は、その後の事業展開をも左右する重要事項の一つです。

経験からいえば、日系ゼネコンを選択すれば、施主としては日本での建設工事と同じ立場で対処できるので楽だと思います（中国では計画経済の名残でゼネコンが施主より上位にあり、施主がゼネコンを接待するなど施主がゼネコンにあまり強い態度に出にくいといわれています）。しかし一般的には、日系ゼネコンの見積金額は現地ゼネコンの二倍くらいになると考えてください。日系ゼネコンも、現地ゼネコンを下請に利用するケースが多く、その下請の見積金額が高いことによるものです。

現地ゼネコンの場合、直接受注で出す見積りと、下請で出す見積りには大きな差があります（いわゆる二重価格問題）。一般的に日系ゼネコンはいったん契約を結んだらどんなことがあってもやり遂げようとするため、見積りは為替見通しや適正利潤を折り込んで赤字を回避しようとする分、どうしても高くなりがちです。一方、現地ゼネコンは直接受注の場合は極力安い見積りを出して受注を確保しようとする傾向があり、受注後コストがかさんで赤字になれば寝転がって工事ストップといったことを平気でやる傾向があります。したがって、日系ゼネコンと現地ゼネコンは品質、工期、請負責任いずれも対照的な特色をもっています。ただ、あまりにも見積金額の差が大きいため、合弁の場合は中国側パートナーが頑として現地ゼネコンにこだわる傾向があります。独資の場合も、コストの安い現地ゼネコンを選択するケースが増加傾向にあります。

最近では、現地ゼネコンも施工技術が向上し、よい資材を国内で調達しやすくなり、施工管理をしっかりやれば、相当良質の建物を安くつくることが可能となりました（以前は、現地ゼネコンは建築材料を直接輸入することができず、国有貿易会社を通す分コミッションがかさみコストアップとなることもありました。このため現地ゼネコンは輸入資材を利用することがむずかしく、品質の劣る国内資材を中心に利用せざるをえませんでした。ただし最近は国内資材の品質も向上しています）。

なお、経験によれば、現地ゼネコンは以前のようなあからさまな手抜き工事こそ少なくなっているものの（ただし、いまでも夜間工事は要注意）、少し油断すると目の届かないところに粗悪な建築材料を使用する傾向があります。外観は立派にできても、一～二年も経たないうちに、水漏れや雨漏り等の不具合が多発し、結局高い買物をさせられることになるともいわれています。多少コストはかかっても、現地ゼネコンに発注する場合は、中国で多くの工場建設経験のある日本人プロに見積チェックや施工管理（Construction Management, C/M）を業務委託することをおすすめします。

第3章

合弁交渉・契約の留意点

1 交渉の段取り

中国のある国有大型企業（製造業）が、技術導入のため外国企業と交渉するにあたって、中国側交渉担当者や交渉の責任者向けに諸々の注意を呼びかけた文書があります。一種の「対外交渉マニュアル」ともいうべき文書です。この文書の第一項に、対外交渉担当者の条件として次の五点があげられています。


［その一］広範な知識を具備していること。技術、経済、貿易、法律、そして心理学を理解し、一～二種類の外国語がわかるとさらによい。

［その二］人間や物事の真偽に対して敏感であり、洞察力と判断能力を備えている。

［その三］忍耐力と強い意志をもち、短気、感情的にならない。

［その四］原則に従うとともに、臨機応変さと柔軟性を兼ね備えている。

［その五］役者に匹敵する演技力（言葉使いを含む）と風格をもつ。


実に簡潔で要を得た内容です。特に、備えるべき知識に「心理学」がある点に注目したいと思います。この「対外交渉マニュアル」全体に、外国人に対する心理学的観察の記述、すなわち、外国人の眼の動き、顔色や態度の変化あるいは言動の背景にある外国企業の業績、社内事情、交渉責任者の立場等に注目すべきことが随所に書かれています。そして中国側担当者に対しては、考えや感情が眼つき、顔つき、態度に表れないよう、細心の注意を呼びかけています。具体的には、「短気、感情的にならない」ように注意していますが、これは、「外国人が、できるだけ短気、感情的になるようにうまくやれ」といっているのと同じではないでしょうか。

最後の「役者に匹敵する演技力」から推測すると、ビジネス交渉の場で中国人がよく口にする「日中友好」や「老朋友」といった言葉には、ＴＰＯを考えて慎重に対処する必要があることを教えてくれています。

さらに、この「対外交渉マニュアル」の第二項には、交渉の定義が述べられています。

「交渉とは、血を流さない、武器を使わない『戦争』である。すなわち、知識と知恵と精神力を使って利益を勝ち取る行為である。この三つの要素は交渉の開始から終了まで全過程を通じ、交渉の勝敗に決定的な役割を果たしている」

この「対外交渉マニュアル」は技術導入のために準備されたもようですが、合弁交渉の際にも見事に当てはまる内容であり、われわれが中国との合弁交渉に臨む心構えを考えるうえでおおいに参考になると思います。

(1) プロジェクトチーム立ち上げと交渉の人員配置

中国事業への取組みでは入念な事前調査が重要であることからしても、できるだけ早いタイミングで、社長・副社長クラスあるいは担当役員を責任者とするプロジェクトチームを組成する必要があります。大型案件では、調査項目も多岐にわたるため、相応の人数を用意し、後日調査漏れ等が出ないよう役割分担を明確にする必要があります。一般にはこのプロジェクトチームの主要メンバーが中国側との交渉にあたる例が多いわけですが、どういう人員配置が必要でしょうか。

交渉責任者は、会長や社長等の信認が厚く、交渉の過程で必要に応じて直接会長や社長に決裁を仰げる人物が望ましいと思います。中堅・中小企業の場合、会長や社長自らが交渉に携わる事例がよくありますが、あまりおすすめできません。交渉が暗礁に乗り上げたときに事態を打開する切り札として、会長、社長は通常の交渉の場には直接顔を出さないほうが得策だと思います。

中国との交渉では、交渉責任者がすべての項目について発言し、決断していくことになりますので、各項目について事前調査に携わった主要メンバーが同席していないと、時に交渉責任者が立ち往生することになりかねません。したがって中国との交渉ではどうしても出席人数が多くなる傾向があります。

弁護士やコンサルタントの同席についてはどう考えればよいでしょうか。中国の合弁交渉に要する時間は、通訳を介するため長くなりがちで、少なく見積もっても交渉回数は五回から一〇回、一回当り三日から五日、一日当り八時間から一〇時間と考えると、のべ交渉時間は一二〇時間から五〇〇時間となります（私どもの経験でも平均して一件当り三〇〇時間以上を費やします）。弁護士やコンサルタントのチャージは一時間当り三万円から五万円で、中国出張となると海外出張手当や往復旅費、ホテル代等も加わり、相当のコストとなるので、同席させる例は多くないと思います。社内の法務部門の担当者が交渉に同席し、必要に応じて弁護士やコンサルタントを日本で活用するほうが賢明ではないでしょうか。

中国プロジェクトは生産や販売（営業）が重要であることはもちろんですが、後手に回りがちなのが財務や経理です。有利な人民元調達や為替変動リスク対策、関税・税金対策も販売単価の引下げに大きな影響をもたらします。したがって早い段階、できればプロジェクトの立ち上げ時から、財務の担当者がプロジェクトチームや合弁交渉に関与することが重要です。

また、できれば交渉の場には、議論に参加せず冷静かつ客観的に中国側の主張やニュアンスの変化を観察する人を配置していただきたいと思います。中国側は往々にして、わかりきった簡単な事柄についてわざとトンチンカンなことをいうので、日本側が「え、こんなことも知らないの」と思って一生懸命説明しようとします。それでも中国側はわからないふりをします。中国側の計算ずくのポーカーフェイスがいっそう効果を発揮します。日本側はますます一生懸命になり、全員頭に血が上り熱くなってきます。これは中国側の思うつぼです。前述した中国側の交渉担当者の条件［その五］を思い出してください。この手の駆け引きに巻き込まれないよう注意が必要です。また、中国側には毎回必ず交渉に参加しながら、最前列で黙って座っているだけという人物がいるのを思い出してください。もしかすると中国側の内部の会議でいろいろ采配を振る人物かもしれません。

(2) 優秀な通訳の配置

日中双方が優秀な通訳を配することが、スムーズな交渉の大前提です。何をいっているのかわからない、日本語（または中国語）がおぼつかないのでは、議論に集中できません。また、通訳の世界の義理なのか、通訳同士はまずその場では訂正し合いません。したがって、双方に優秀な通訳を配置することが大切です。

さらに、日本側にとっては通訳だけが中国側とのコミュニケーションの唯一のパイプということで、中国側の通訳を人前で必要以上に褒めたり、筆記用具や日本語の辞書等を贈ったり、テープレコーダーを買ってあげたりする場面を目にしますが、これは控えていただきたいと思います。交渉で不都合が生じた際に、贈り物をもらった中国側の通訳がスケープゴートにされやすい素地をつくるおそれがあります。物をあげたりしなくとも、合弁プロジェクトを立ち上げれば関係者の点数が上がるわけですから、彼らは一生懸命頑張ります。あくまでもビジネスライクに、クールに対応するべきだと思います。

(3) 将来の総経理は初めから交渉に参加するか、交渉団のなかから選抜

総経理とは合弁会社の社長のことで、生産、販売、品質管理、総務、財務などの日常業務に責任を負います。この総経理候補は早めに交渉に参加するか、あるいは交渉に参加した人のなかから選んでほしいと思います。合弁事業が動き始めてからも、中国側は駄目でもともとで議論を蒸し返すことがよくありますし、また問題が起きたときに、日本側が双方の合意事項の紆余曲折を知っているのと知らないのとでは中国側の対応が違ってくるということは、容易にご理解いただけると思います。

(4) 総経理の要件

総経理の備えるべき要件は、「さんま」、三つの「ま」です。すなわち「まじめで、まめで、がまん強い人」が総経理適任者です。新しい知識や技術を教えるには、率先垂範自ら体を動かして技量を示し、しかも根気よく繰り返し教え込む、決して大声を張り上げたり机をたたいたりしな

い我慢強さが大事です。

中国語はできたほうがよいですが、必要条件ではありません。というのは、私の知っている限り、当初中国語をまったく知らない方でも、駐在して半年もするとしゃべり始めます。人事部から「通訳はいるから心配しないで行ってくれ」といわれて駐在すると、いつまでも覚えません。「行け！」の一言で現地に赴任される方は、体を張って何百人もの従業員を管理しますから、従業員の使う方言をしゃべらざるをえません。この方言をしゃべることは正解です。上海人などは上海語を話す外国人にとても親近感をもちます。労務管理のポイントの一つです。

年齢的にはどうか。五五歳、六〇歳になって中国語や上海語を覚えるのは至難です。中国での仕事は相当ストレスがたまることは避けられません。信頼関係が築き上げられるまでは、中国側との交渉は非常にハードです。したがって年齢はある程度若く、柔軟でタフな神経をもつことが要求されます。これらを総合勘案すると、三五歳から四五歳くらいが、派遣される人材の年齢の上限ではないかと私は感じています。

とはいっても、最初から以上の要件を備えた人はなかなか見つからないでしょう。そこで、投資規模の大小にかかわらず、思い切って優秀な若手中堅社員を投入してはいかがでしょうか。三年後、五年後には大きく成長して帰ってくること請け合いです。とにかく一日二四時間、一年三六五日、問題のない日はありません。日本で一日、一週間で片付く問題も、中国では一週間、一カ月あるいはそれ以上を費やします。問題は累積していきます。ありとあらゆる問題に取り組み、脳漿を絞って必死に考え行動する習慣が身につき、人間として厳しく鍛えられることは間違いありません。中国は絶好の人材育成の場でもあります。オーナー経営者が子息を教育するため、あえて中国に派遣・駐在させている例も一つ、二つではありません。

2 交渉の心構え——事前の情報収集

前節の「交渉の段取り」で触れた中国のあるメーカーの技術導入に関する「対外交渉マニュアル」には、「交渉とは、血を流さない、武器を使わない『戦争』である。すなわち、知識と知恵と精神力を使って利益を勝ち取る行為である……」と記されており、交渉のポイントとして、「情報」「時間」「権利」(交渉のイニシアチブ、交渉の支配権)の三つをあげています。このうち、「情報」は交渉条件に関する資料・情報であり、作戦の「武器」——己を知り、敵を知れば、百戦危うからず——であるから、相手側より多くを知っていれば交渉のイニシアチブを握れるし、逆の場合交渉は受動的になり、管制塔の誘導がなくなった飛行機のような状態に陥ると指摘しています。そして重要な情報を獲得する方法として、次の四つをあげています。

(1) 事前の謙虚な情報収集

「同種の対外交渉の経験者や、現在対外交渉の渦中にある中国企業・政府部門を訪ねる。場合によっては交渉に携わった技術担当者を顧問として迎える。また、関係行政部門（たとえば国家計画委員会…現在の国家発展改革委員会、経済貿易委員会…現在は国家発展改革委員会と国有資産監督管理委員会に分割）の専門家に、外国側交渉相手企業についてのレクチャーを受ける」

――中国では企業と行政部門（時には司法部門も含む）が容易に情報交換や連携ができることに、われわれ外国側は十分注意を払う必要があります。中国で事業を行ううえでの最大のカントリーリスクといっても過言ではないと、私は考えています。

(2) 交渉相手のライバル社からの情報収集

「日本のA社からの技術導入交渉の際に、中国側はまず日本のB社、C社、D社と接触して大量の情報を確保したうえで、十分比較検討を行い、A社から最もレベルの高い技術を獲得した」

――これを読むと私は、ジャパンタイムズ社発行の「北京ジープ」という本のなかで、アメリカンモータースが北京ジープという合弁会社の設立交渉をしている時、中国側がアメリカンモータースとの交渉を一時中断し、交渉の優位性を補強する情報収集のために日本の複数の自動車メーカーとの交渉に走ったくだりを思い出します。

また、日本のある特殊鋼メーカーは、中国企業との製造設備の貿易交渉で大口商談を目の前にちらつかされ、あたかも同社から購入するかのような雰囲気のもとでいろいろな資料や仕様書、ついには設計図の提供をも打診されました。そのためわれわれにどうしたものかという相談があり、「売買契約調印前のそのような対応は一種の自殺行為に等しい」とアドバイスしたことがあります。案の定、中国側は「米国から四分の一の価格のオファーがあったので、商談はなかったことにする」といってきました。この商談は一年近くに及びましたが、いまから考えると、中国側の情報収集の一環で、日本のメーカーはアテ馬だった可能性があります。

(3) 広範な情報収集

「比較できる項目も比較できない項目も、すべて情報収集の対象とする。プロジェクトのF／S、合弁契約書、定款、価格等も収集する。異なる種類の項目であってもなんらかの共通性が存在する。上記の日本のA社からの技術導入事例では、同じ業界の複数の中外合弁事業会社から大量の生の情報を手に入れ、商談が成功した」

——ここでも、中国では本来企業機密に属する情報が、中国企業同士の間では比較的容易に入手できることを、図らずも証明しています。「機密保持契約」を締結しても決して安心してはならないことを教えてくれています。

(4) 交渉相手からの情報収集

「交渉の初期には自分の考えを多く話さないよう自己コントロールしなければならない。交渉相手の誇張や間違いはどんなに些細な内容でもノートに記す。後日の交渉での反撃の材料となりうる。だれでも知っているようなことも話し続けるよう激励する。我慢が大事である。中国側にとって耳寄りな話でも、決して動揺せず、『別に初耳ではない』ようなふりをしなければならない」

――交渉の初期に限らず、すべてのテーマについて、中国側は必ず外国側に先に話をさせようとするので、外国側は以後の話の展開を考え、どの程度、どのように最初の発言を行うか、あらかじめ検討・準備しておくことが大事です。交渉の場で、中国側の首席および次席交渉者以外のすべての出席者が、いつも克明にメモをとっているのには、上記のような背景があるわけです。

以上のように、中国側は対外交渉に際して、実に広範に情報収集に精力を傾けていることがおわかりいただけたと思います。

したがってわれわれも、このように用意周到な中国側と対等あるいはそれ以上に有利な（能動的な）立場を確保するために、相応の心構えが必要なことはご理解いただけると思います。

それでは、事前にどのような情報を収集しておくべきでしょうか。

a　計画する合弁プロジェクトの中国における位置づけ

中国の五カ年計画や国家産業政策（たとえば「自動車産業発展政策」や紙パルプの「林紙一体化工程建設計画」等）あるいは「西部大開発計画」「東北旧工業基地振興政策」等の国家政策との整合性チェックは欠かせません。中堅・中小企業のプロジェクトの場合も、中国で取引を予定している日本の大手企業の中国プロジェクトに関して、かかるチェックが必要です。

また、「外商投資産業指導目録」との突き合せは不可欠で、奨励項目に該当すれば、生産設備の輸入関税が免税扱いとなるケースがあります。制限項目に該当する場合は、批准を得るために備えるべき条件を、あらかじめ地方の対外経済貿易部門（現在は商務委員会という名称に統一されつつある）や中央の商務部（外資管理司）に確認する必要があります。禁止項目であれば、中国での起業はまず不可能か、可能であっても相当厳しい条件をクリアする必要があります。

なお、「外商投資産業指導目録」に記載がないプロジェクトは一般許可項目といわれ、投資規模に応じて地方や中央の批准を得る必要があります。奨励項目以外では生産設備の輸入関税の免税は受けられません。

b　合弁相手企業の中国における位置づけ

合弁パートナーの候補企業が国有企業なのか、それとも民営企業なのかによって、心構えは多少異なります。

国有企業の場合、政府部門（地方または中央）のバックアップが期待できるかわりに、政府や共産党の干渉も多くなりがちです。また、国有資産監督管理委員会の管理下にある一二一社（二〇一〇年末現在）の有力企業グループであれば、政府のバックアップとともに干渉がより大きくなることを覚悟しなければなりません。

民営企業であれば、資金調達等の政府支援は期待できないかわりに、比較的経営の自主権が確立していて、政府や共産党の干渉も少ないと考えられます。また、いちいち政府や共産党にお伺いを立てることも少なく、経営者が即断・即決できるケースが多くなります。ただし、民営企業のなかには、もともと国有企業だったものが売りに出され、民間人が借金して買い取った企業も多くあり、経営管理や品質管理・生産管理、営業開拓の面で、もとの国有企業の体質を色濃く残しているものも多くありますので、安心はできません。

c　合弁相手企業や経営者の評判

合弁パートナー候補企業と取引のある日本のメーカーや商社から、できるだけ多くの生の情報を集めてください。たとえば製品の品質、技術水準、価格競争力、代金回収トラブルの有無、経営者の力量（知的財産権やコンプライアンスに対する認識・姿勢も含めて）に関する評価、政府部門との緊密度（バックアップの度合い）、後継者の有無とその力量（特に民営企業の場合）、従業員の質等について事前情報が集められれば、余裕をもって交渉に臨めると思います。また、日本の企業だけでなく、欧米企業からもヒアリングできれば、より精度の高い情報収集となります。中国企業や中国の取引銀行からのヒアリングは情報の信頼性や公平性に問題なしとしないので、労多くして効果が少ないと思います。

なお、親しくなった先方と当方のナショナルスタッフ同士の情報交換から、思いもよらない貴重な生の情報（たとえば資金繰り状況、賃金水準、労務管理の特色等）が得られることも少なくありません。ただし、中国側に有利な情報は先方からの意図的なリークの可能性もあるので、取扱いには注意が必要です。

ある省都の飛行場の待合室で、日系大型合弁会社の中国側パートナー（大手国有上場企業）の「董事会弁公室」（日本の秘書室）の幹部から、顔なじみになった弊行の管理職のナショナルスタッフが、「軍に売った製品の多額の代金回収がままならず、最近工場視察に来た国家指導者に、董事長が真剣に直訴したところ、たちまち全額入金になり、資金繰りがついた」という話を聞かされたことがあります。大手国有上場企業の内実の一端を知るエピソードです。

また、合弁パートナー候補先が、すでに他の外国企業とも合弁事業を行っている場合、当該外国企業の駐在員からの情報はおおいに参考になります。さらに、事業の多角化と称して不動産投資に走り資金が固定化していないかどうかも、情報収集の重要なポイントです。

ごく最近の事例では、合弁パートナー候補をA、B二社に絞り比較検討していた時、現地調査でいつも電話で呼び出して利用していたタクシーの運転手が、顔なじみになった弊行のナショナルスタッフに、「自分はA社の董事長のお抱え運転手をしていた」といって董事長の性格等のほかに、A社が町金融の会社からかなりの借入金があることを教えてくれました。町金融の会社からの借入金の事実が確認できたので、A社を合弁パートナー候補から除外しました。

d　合弁設立手続き等の情報収集

合弁会社設立手続きや申請書類作成のポイント（できれば申請書類の事例）、合弁契約書や定款の雛型・先例等についての情報収集と研究は不可欠で、世の中にはそれらに関する参考書があふれております。

その他、取引銀行や中国に詳しい経験の豊富な弁護士を活用することもおすすめします。また、かかるサポートの専門機関である日中投資促進機構の活用もおすすめします（ＴＥＬ：〇三―五五一一―二五四〇）。

3 実務的留意事項——交渉のノウハウ

(1) 交渉前の十分な準備

合弁交渉はほとんど毎回中国で行うことが多く、日本側は相応のコストをかけて交渉にあたるわけですから、相当効率よく推進すべきことをまず肝に銘じていただきたいと思います。

相手側から徴求できる資料は、極力事前に入手してその内容を理解し、確認したい事項を列挙すること、そしてこれを（中国語がベター）事前に中国側に送付することです。

またいわずもがなですが、交渉に関する資料は、参考レポートや参考図書も含めて、交渉関係当事者全員がファイルしてそろえ、事前に読んで情報や認識の共有化を図ることが大事です。

毎回の交渉の前には、今次交渉の論点、テーマ、その順序（先に何を話し、後から何を話すか）、当方が獲得したい目標とその論拠、それが受け入れられなかった場合の次善策等々を一通り打ち合わせておくことが大事です。

中国との交渉の後は、交渉内容について毎日、毎回「総括」を行い、次回交渉の作戦を立てる習慣を打ち立てるべきです。中国側も必ずこの「総括」を行っていることは間違いありません。

ただし、中国での交渉が外国側の思惑どおり、スケジュールどおりに進むことはまずありえません。中国側は「時間」や「権利」の戦略と称して、一貫して中国側のイニシアチブで交渉が進むよう知識と知恵を総動員してきます。

したがって中国側との交渉は相当厳しい「駆け引き」の連続になることを覚悟していただかなければなりません。

一～二度顔合せをした段階で、「いろいろな合弁交渉の経験者の話を聞いたが、われわれの相手はそれらに比べると話のわかりあえる、良質の部類ではなかろうか。とにかく物わかりがよいので助かる」といっていた人も、具体的実務的交渉に踏み込んだとたんに、きりきり舞いさせられるケースはよくあります。

大事なことは、交渉を重ねるなかで相互信頼の醸成に努め、当該合弁プロジェクトの成立により、双方の経済的利益が確保され中国社会への貢献が実現するという合意に、一日も早く到達するよう努力することではないかと思います。

(2) 会議では毎回必ず議事録を作成

中国側との交渉や会議の後は、必ず議事録をつくり、当事者双方がサインしてそれぞれ保管することが重要です。

その際肝心なことは、議事録作成（翻訳作業を含めて）が徹夜になっても、あるいはたとえ徹夜交渉の後でも、お互いの記憶が鮮明な当日中に作成し、サインすることです。夜宴会があれば、早めに切り上げて担当者は議事録作成に取りかかるべきです。翌日作成するとか、後日日本から送付すると、いろいろ中国側から注文がついて、議事録完成に相当のエネルギーを消耗することになり、しかもその内容が事実とはかけ離れたものになりがちです。

中国側は日本側との交渉の後、内部の会議（いわゆる総括）に諮り、日本側との合意事項について、大幅変更や白紙撤回を求めてくる場合があります。議事録があれば抗弁の根拠となります。

議事録には、日付、会議時間、場所、出席者、議題（テーマ）、合意事項（合意に達しない場合には双方の主張）等を明記し、できれば次回会議の日時も書けば、交渉が前進します。

時に議論が平行線をたどり、どうしても議事録の合意に至らない場合があります。その場合には、中国側の目の前で議事録を書き、翻訳を行い、日本側がサインしたものをコピーして手渡すこともやむをえないと思います。そして、中国側にいつまでに対案を文書で提出するかの約束を取り付けることも忘れないでいただきたいと思います。

交渉の際のもう一つ大事なポイントは、当該交渉で確認しておきたいとあらかじめ考えていた事項は、口頭ではなく文書で伝達し（その場合時間の節約のために中国語がベター）、中国側からも文書で回答を得ることです。中国側の質問はいつも外国側に対し文書による回答を要求しますが、自らは文書提出や文書回答を回避する傾向（後日の責任回避や内容変更のリスクヘッジのため）があることには注意が必要です。

また、議事録作成にしても、文書による質疑応答にしても、解釈が分かれそうな、あるいは疑問が生じやすい言葉・事項については必ず「定義」を注記、または付記するよう心がけていただきたいと思います。

(3) 中国側のペースにはまらない

中国側との交渉ではいろいろな場面で物事を急がされるケースがよくあります。

一つは合弁の調印です。早く調印して実績をあげたいわけです。調印のいちばんの目標は一二月（年度末）です。一月になってしまうと、点数稼ぎが一年遅れてしまいます。中国側から早々に、「本件合弁の調印日は本年一二月八日にしたい」といわれ、まだ一〇カ月も先のことで時間的余裕があると思って日本側もついつい同意してしまうことがあります。しかし、合弁交渉の六カ月や一〇カ月はあっという間に過ぎてしまい、調印日が目前に迫ってきて、次々と妥協させられ、不本意な、しかも内容も不完全な調印を強いられるケースはいまでも後を絶ちません。絶対に先づけの調印日の約束はしないでいただきたいと思います。

特に会社の上層部が中国側を表敬訪問した際に、歓迎宴の席上で必ずこの話題が出されます。あらかじめ上層部の方には、「この話題が出たときには、『実務の交渉責任者に任せている』といってください」と釘を刺しておくことが大事です。

ある大型合弁案件では、日本側社長が訪中して中国側パートナーの董事長（会長）と面談した折に、十数年前に日本側企業が協力して完成した中国側企業の主力工場竣工式の日を調印日とすることに、相当の余裕をもって決まったのですが、実際には調印式当日の朝まで徹夜の交渉を余儀なくされた事例もあります。

国慶節（中国の建国記念日、一〇月一日）、春節（旧正月）といったお祝いごとの前も調印目標になります。お祝いごとの前に中央・地方政府要人に華やかな調印式に参加してもらえば、合弁プロジェクトを中国側上層部に強くアピールできるからだと思います。

また、中国側が法律改正や新しい法律制定の動きを内部情報でキャッチしていて、改正後や制定後の不利益（たとえばプロジェクト認可権限の地方認可から中央認可への変更、最低投資規模や最低生産規模の引上げ、外国側出資比率の規制緩和、公害防止対策の規制強化、農地転用認可の厳格化、等々）を回避するために調印を急ぐ場合があります。内容によっては日本側も納得し、協力できるのですが、中国側は、外国側に漏らせば「外事紀律違反」で処罰される可能性があるので、絶対にいえません。中国側がなんらかの理由で急いでいたら、日本側としては「そんなに急ぐなら、われわれのこの条件を呑んでほしい」と交渉のテコにするのも一つの方法ですが、現実には調印だけ急がされ詰めるべき点が詰めきれない例がたくさんあります。いずれにしろ、結果的に中国側のペースにはまってしまわないよう注意していただきたいと思います。

中国側から急がされるもう一つの例は質問に対するわれわれからの回答です。しかも、われわれからの質問にはなかなか的確な回答をよこさないのが特徴です。これも中国側の交渉術で、自分たちの検討材料はできるだけ多く、できるだけ早く手に入れ十分な検討時間を確保したい、逆に日本側の材料はできるだけ少なく、できるだけ遅く手渡して、自分たちの交渉の立場を優位に保ちたいという作戦ではないかと思われます。中国との交渉には時間がかかるといわれる一つの原因でもあります。

(4) 交渉中に言及された法律・規定はその場で入手、確認

中国側は交渉の場で「法律ではこうなっているので、それはできない」「規定によって、こうしなければならない」というセリフをよく口にします。その場合には、必ずその場で即座に該当する法律や規定のコピーを入手してください。「後でお渡しします、お送りします」といわれても、まず届きません。あるいは入手するまで数週間も数カ月もかかりエネルギーロスです。たとえばコーヒーブレイクを設けてでも、コピーをもってくるまで交渉を中断するくらいでないと入

手は困難です。

特に後々合弁会社の運営に大きな影響を及ぼす可能性のある問題については、その法律・規定を管轄する行政当局に出向いて、実際に外資に適用される解釈と運用を確認する必要があります。

たとえば環境保護対策は、中国企業に対しては「地元保護主義」の観点から大目にみることはあっても、外資企業に対しては一件の例外もなく関係規定は厳格に適用されます。パートナー側はこれまで二〇年も三〇年も垂れ流しでやってこられたので、てっきり大丈夫と思っている「善意」の場合と、この問題に深入りすると時間がかかってしまうので、しっかり対策を立てなければならないとわかっていても「問題ない」といって先を急ぐ場合があります。

当局側も積極的には情報開示しませんが、出向いて行って具体的に聞けば、実に親切に、正確に教えてくれます。

(5) ペンディング

交渉でなかなか合意できず、しかも双方の主張が出尽くしたと思われる場合には、「ペンディング事項」として列記しておき、一通りすべてのテーマについて話し合った後、全体のバランスを考えて譲歩、妥協の可否について検討しながら折り合いをつけていくことが肝心です。一件一件そのつど無理をして処理していくと、後で振り返ってみるとほとんど中国側に譲歩させられていたということは、よくある経験です。

また中国側の交渉術は、「やさしいことは先に、むずかしいことは後に」という作戦ですから、限られた出張日程のなかで、交渉前半の簡単なテーマに時間を費やされ、後半のむずかしい重要なテーマについては時間切れで譲歩の連続といった事態になりがちです。十分に心していただきたいと思います。

(6) 接待や記念品をどう考えるか

合弁交渉はビジネスですから、記念品は初対面の時だけで十分（本社や関連会社の製品があればベスト）であり、通常は不要です。特にコミュニケーションの要となる通訳の人にあれこれ贈り物をするのがむしろ危険なことは、交渉の段取りの項でも述べました。

会食は中国人の習慣からか毎回交渉のつど歓迎宴とか総経理招宴などと名目をつけて招かれることが多いことは覚悟してください。もちろんこれから合弁を組む日本側と少しでも親しくなりたいという素直な動機に加え、日本側のメンバーの品定め（性格や弱点、特技、家族構成等を探る）、人間関係の把握等を目的としたものです。

したがって宴会といえども中国側は上層部のお伺いを立てたうえで設定し、時には「総括」の会議で前日の宴会でのエピソード等を報告するくらいのことは当然やっていると考えて、相応の礼儀正しい対応が必要です。お酒が弱い人は決して無理をしないことです。酔いつぶれるととたんに評価が下がります。なぜか中国人は泥酔しません。私のこれまでの経験で中国人が酔いつぶれているのをみたのは、上海の路上で一度だけです。

酔った勢いでホテルやレストランの女性従業員の体に手を触れたりしたらアウトです。貿易商談だったら、もう終了です。

歓迎宴があったら、滞在中に答礼宴は必ず行って毎回貸し借りはなしにしておいたほうが無難なことはいうまでもありません。このとき、歓迎宴の参加者を全員漏れなく招くことはもちろんですが、地味な部署で、あるいはみえないところで交渉のサポートをしている人たちにも声を掛ける気配りをすると、中国側と大変親密になれること請け合いです。

なお、前述の「対外交渉マニュアル」では、「外国企業との付き合いのなかで、接待を受けたり、記念品をもらったり、観光をアレンジされることがある。われわれはこのような甘い汁で原則を見失ってはならない。頑張るときは頑張り、価格をたたくところはたたき、絶対に原則をなくしてはならない――罠にはまるな」といっているわけですから、宴会で仕事の話はあまりしないほうがよいのではないでしょうか。中国人の生活習慣や家庭や子どもの様子とか、仕事の苦労話や自慢話を、もっぱら聞き役に徹して引き出すことだと思います。「宴会はとにかく楽しく」

をモットーにしていただきたいと思います。

(7) 百聞は一見にしかず（「百聞不如一見」）

これから合弁を計画している相手企業の工場見学は日中双方にとって相互理解、相互信頼を深めるうえで、重要な意義をもっています。

日本側は中国に出掛けていくので、早いタイミングで中国の会社や工場を見学できるのですが、問題は中国側がいつ日本側の会社や工場を見学できるかです。

極力早いタイミング（二〜三回の交渉を経て合弁に至るメドが立つ頃）で、中国側の関係者を招くことは、効果があります。もちろん日本では自社の施設のみでなく必要に応じて関連する公共施設や親会社、関係会社等も見学してもらうことは、相互理解が深まる大きなきっかけになります。

4 取り交わす文書・契約書

(1) 「意向書」のサインは慎重に

合弁交渉の最初の会議で、中国側のパートナーは主管部門から対外交渉の許可（注1）を得るために、日本側が合弁交渉に入ることに同意していることを証明する「意向書」（Letter of Intent、通称L／I）の作成（サイン）を求めてきます。

「法的拘束力はなく、条件が折り合わず交渉を取りやめても、ペナルティーはない」ので、日本側は比較的気軽にサインする傾向があります。格別の定型様式もなく、前例も中身は詳細なものから大雑把なものまでまちまちです。

しかし、日本側として当該合弁プロジェクトでぜひ確保しておきたい条件があれば、それを意向書のなかにはっきり記載するか、別途文書で申し入れるべきです。というのは、中国側は意向書を上部機関に提出する際、上部機関の許可を得やすくするため、添付する説明書（上申書）を、中国側に都合のよいように作文する可能性があり、将来の交渉トラブルの原因にもなります。たとえば出資比率、輸出比率（＝国内販売比率）、技術援助契約の締結とロイヤルティの有無、商標権使用契約の締結と使用料の有無、社名にローマ字を入れるかどうか（注2）等です。

（注1）中国では対外貿易取引や海外からの技術輸入、外国企業との合弁等海外との交渉を行う場合、すでに国家から貿易権や対外交渉権を認められている一部の大企業を除いて、多くの中国企業は、関係規定にのっとって、それらの対外交渉権を個別に取得しなければならない仕組みになっています。当該企業が対外交渉権を賦与されているか、手続きを経て賦与される可能性があるかどうかの確認は、中国企業との交渉の第一歩です。

（注2）中国での登記社名にローマ字を使用する場合は（前例……ＪＶＣ、３Ｍ等）、投資規模の大小に関係なく中央の工商行政管理総局の認可事項になり、時間がかかったりいろいろ注文がつきやすいということで、一般に中国側は避けたがります。また一時期ローマ字の使用は禁じられましたが、再び使用可能にはなっております。なお、漢字でも事実上会社名称に使えない場合があります（たとえば「帝国」「日本」「大日本」等）ので、関係規定（「企業名称登記管理規定」「企業名称登記管理実施弁法」）を事前によく調査のうえ、工商行政管理局と相談すべきです。

日中の業界トップ企業同士で設立されたある大型合弁案件では、日本側パートナーからの原材料調達について中国側の同意を取り付けるため、意向書の調印まで一年半以上の交渉が行われ、さらに合弁契約交渉に同じくらいの時間をかけた事例があります。投資規模が大きいだけに、意向書のサインにも相当慎重に対応した敬服すべき事例だと思います。

(2) 契約書類のたたき台は日本側から先に提出

日本側が交渉のイニシアチブを掌握するためには、日本側から早めに契約書やF／S（フィージビリティー・スタディー、事業収支見通し）や覚書等のたたき台を提出したほうがよいと思います。

ただし、日本側の考え方や思惑を先にさらけ出すというリスクもありますので、確保すべき条件や希望を目一杯折り込むか、駆け引きで一部を折り込むことにするかの検討が必要です。

また、たたき台は中国側がすぐに理解しやすいように、日本語版とともに正確な中国語訳を一緒に提出することも必要です（日本語は平仮名やカタカナが入っているために、一般の中国人にはチンプンカンプンです）。

契約書類は、内容は詳細に――すなわち関係する項目は漏れなく網羅し、表現は正確かつ簡潔を心がけてください。中国側との議論や、後々問題が起きたときの議論の根拠となることを念頭に記述することが肝心です。叙情的表現や修飾語は極力排除していただきたいと思います。

「議事録」の項でも述べましたが、契約書類では必ず前段で「定義」をきちんと記載することも忘れないでいただきたいと思います。

一九八四年、私も上海駐在員として交渉に携わったオフィスビルの合弁案件で、中国で初めての鉄骨高層ビル（地上三五階、地下二階、床面積八万九〇〇〇平方メートル、総投資額一億ドル＝二四〇億円、当時レート）プロジェクトでの経験です。

何をやるにも「中国で初めて」のプロジェクトで、資材の大半（ガラスカーテンウォール、鉄骨、地下六五メートルまで打ち込む二〇〇本の鋼管杭、床の塩ビタイル、内装、備品類等々）は輸入せざるをえないし、工事竣工まで何年かかるか予測できないので、合弁期間は「正式開業後一八年」として合弁契約の批准を得ました。しかし、手にした営業許可書にある合弁期間は通例どおり「営業許可書交付後二〇年」（工事期間を勝手に二年として二〇年に変えられている）となっていました。日本側は営業許可書の取直しを要求しましたが、中国側は「（営業許可書発行機関である）工商行政管理局にいま文句をいうと営業許可書がもらえなくなってしまう。正式開業したら取り直すので、ここは我慢してほしい」と懇願され了解しました。

案の定、天安門事件を挟んで竣工に六年かかり、一九九〇年のソフトオープン後も天安門事件の後遺症で客はなく、三年後の一九九三年四月、ようやく開業パーティーを開くことができました。すでに営業許可書交付から九年経過し、合弁期間は残り一一年しかありません。日本側が営業許可書の取直しの約束履行を迫ったところ、中国側の回答は「正式開業の定義がないので取直しはできない」というものでした。

われわれ日本側は二つのミスを犯しました。「正式開業」の定義をしていなかったことと、「正式開業したら、営業許可書を取り直す」との中国側の約束を口頭で了解し、文書で確認しておかなかったことです。一〇カ月近い交渉を経て、竣工と開業パーティーの中間を起点とする二〇年の営業許可書を手に入れました（足して二で割る中国流のやり方！）。

実は本件ではもう一つ中国流の交渉術にまんまとはめられたことがあります。

日本側は、天安門事件のような騒動を経験して、たとえ営業許可書の取直しができても、それまでの長期のロスを考えた場合、とても二〇年では満足な投資回収は不可能と考えて、営業許可書の取直しとともに、合弁期間の延長（二〇年を三〇年に変更）を申し入れました。

中国側は、本件プロジェクトは「カネのなる木」と考えて、早く合弁期間を終了して自分たちの物にしたいという思いからあれこれ検討した結果、日本側の注意を営業許可書取直しの一点に集中させるための方法として「正式開業の定義がない」という論理を持ち出したものと思われます。

日本側は中国側の思惑どおり、営業許可書取直しに精力を集中し、取直しが実現したときには一同ホッと安心してしまいました。営業許可書の取直しだけでも一〇カ月も要したために、いまさら合弁期間延長を再度言い出しにくくなってしまったわけです。

なお、本件プロジェクトはすでに借入金も返済し、十数年来配当もあって順調に推移しております。

しかしながら、二〇一〇年六月の合弁期限到来を前に、期限到来の三年前から合弁期間延長を申し入れましたが、中国側は頑なにこれを受け入れず、合弁事業はあえなく終了となりました。

中国側は、日本側の出資金（出資比率五〇％）を含む貸借対照表上の純資産の日本側権利分五〇％を買い取り、中国で初めての鉄骨構造の近代的オフィスビルを、一〇〇％自分たちの所有物にしました。

私は一九八四年の合弁交渉開始から二〇一〇年の合弁終了まで二七年間の全行程をつぶさに見聞し関与するという貴重な経験を積むとともに、中国ビジネスの光と影をイヤというほど見せつけられ、感慨深いものがあります。

(3) 重要事項は合弁契約調印前に合意しておくこと

契約交渉のなかで合意に至らず、合弁契約書に「詳細は第一回董事会（注3）で協議のうえ決定する」「合弁会社設立後可及的すみやかに協議する」とするケースが多くあります。これは問題の単なる先送りであって、合弁契約書の詳細（注4）は調印前にすべて協議を行い確認しておくべきです。合弁契約締結前であれば、契約自体を見送ることができますし、あるいはある問題をテコに別の問題で中国側から譲歩を引き出せる可能性もあります。合弁契約調印後は、日本側が逃げる心配がなくなるので、中国側の譲歩を引き出すのは至難の業となります。

付属契約書類（注5）も、中国側は「合弁会社が設立されてから合弁会社と御社（日本側）が調印するわけですから、まず合弁会社の設立が先です」といって協議を先延ばしにします。しかし、合弁会社が設立された後でも交渉当事者は同じですから、調印こそ合弁会社設立後になるにしても、その内容の詳細または概要は、事前に協議して、覚書というかたちで確認することが可能です。もしも技術援助契約や商標権使用契約あるいは原材料供給契約や輸出販売・国内販売契約等で合意が形成されなければ、合弁契約そのものの調印も見合わせる必要があるかもしれません。付属契約書類といえども決して軽く取り扱うわけにはいきません。

（注3）　董事会は三名以上で構成し、構成員としての董事は出資比率（合作企業の場合は合作条件など）を考慮して各投資者から派遣するとされています。法的には、合弁、合作企業の場合、一方の出資額がいかに少なくとも最低一名の董事を派遣すると解釈されています。董事会は三分の二以上の董事の出席により成立します。董事会の決議事項は、董事の賛否人数により決議されます。ただし次の事項については、合弁企業で董事会に出席する董事全員一致により決議されます。

・合弁企業定款の改正
・合弁企業の中途終了、解散
・合弁企業の登録資本の増資、減資
・合弁企業の合併、分割

董事会は董事長が招集するものとされ、原則として企業の法定所在地にて開催されます。董事会は、毎年最低一回の開催が必要とされます。なお、三分の一以上の董事の提議により臨時董事会を招集することができます。

董事長は、合弁、合作企業の法定代表とされます。董事の任期は、合弁企業が四年、合作企業が三年以下とされ、派遣元の委任により再任することができます（みずほフィナンシャルグループ「中華人民共和国投資ガイド」より）。

（注4）合弁契約書で最小限取り決めるべき項目は、「中外合資経営企業法実施条例」第一一条に規定されています。

・合弁各当事者の名称、登録国、法定住所ならびに法定代表者の氏名、職務および国籍
・合弁企業の名称、法定住所、目的、経営範囲および規模
・合弁企業の投資総額、登録資本、合弁各当事者の出資額、出資比率、出資方式および出資の払込期限ならびに出資額の未払込みおよび持分譲渡の規定
・合弁各当事者の利益分配および欠損分担の比率
・合弁企業董事会の構成、董事定員の分配ならびに総経理、副総経理その他の高級管理者の職責、権限および採用方法
・採用する主要な生産設備、生産技術およびその源泉
・原材料購入および製品販売の方式
・財務、会計および会計監査の処理原則
・労働管理、賃金、福利および労働保険等の事項に関する規定
・合弁企業の期間、解散、および清算手続き
・契約違反の責任
・合弁各当事者の間の紛争解決の方式および手続き
・契約文書に採用する文字および契約発効の条件

（注5）　合弁会社と行政当局または外国側出資者との間で必要な付属契約書類（例）
・土地使用権譲渡契約書
・土地使用権賃貸借契約書
　土地図面を綴り込み、整備するインフラやファシリティの内容につきその規模・容量・費用負担を含めて詳細に記載
・技術援助契約書
・商標権使用契約書
・輸出販売委託契約書
　ダンピング輸出防止対策条項等を織り込む
・国内販売委託契約書
・原材料供給契約書　等

(4)　中国側の現物出資の特定とその条件ならびに評価額

前にも述べましたように、合弁プロジェクトの場合、中国側は現金出資のケースは少なく、ほとんどの場合、土地・建物・機械設備等の現物出資を行います。

土地の場合は、地図や地形図で場所や実測面積（登記面積と異なる場合はその修正手続完了後の面積）を特定するほかに、農地転用手続きや土地使用権払下げ手続き（すなわち土地使用権払下げ後の土地使用権者をきちんと中国側パートナーにすること）とその確認文書提出（たとえば日本の土

地権利証に相当する「土地使用証」の提出）をいつまでに行うのかを契約書に明記したり、さらに当該土地上での建設着工や工場操業のためのインフラ整備の内容を確認し、そのインフラ整備をだれがいつまでにだれの費用負担で行うかを協議し、契約書に明記する必要があります。

建物の場合は、工場の操業に適した条件を確認し、それが備わっていることを中国側に保証させ、備わっていない場合の対応（だれがいつまでにだれの費用負担で整備するか）も契約書に明記する必要があります。もちろん当該建物の所有者が中国側パートナーであることが大前提です。機械設備の場合も、建物の場合と同様の確認が必要です。

ある水産加工プロジェクトで、冷凍倉庫を日本企業との合弁と香港企業との合弁の二つのプロジェクトに二重出資していたケースがあります。またある欧州メーカーの自動車合弁プロジェクトでも、中国側が既存の日本企業との合弁プロジェクトに出資ずみである生産設備の一部を二重出資しようとした事例（実際に私が訪問した当該欧州メーカーの本社はそのような事態が進行していることなど露ほども知らないで検討を進めていました――私は立場上その事実にはいっさい触れませんでしたが、結局その欧州メーカーとの合弁はいまだ成立しておりません）等があるので、現物出資の所有関係については入念な事前調査が大事です。

ある道路運送の合弁プロジェクトでは、現物出資の土地が面している一級国道の地下に、廃線となった路面電車の線路が埋まっていて（表面上はまったくわからない）、プロジェクトの存在を知った交通部門の当局から、用地の出入りには線路をまたぐのだからその通行料を支払えとの要求があり、その他の要因も重なって、日本側は結局合弁プロジェクト自体を断念しました。

また、中国側の現物出資の倉庫建屋（これを改造して工場にした）の出入り口近くにトーチカがあり、いざ建屋増設の段となって法外な補償金等を要求する当局との話合いがまとまらず、結局別の場所での第二工場建設を余儀なくされた例があります。

ある沿海都市の合作ホテルプロジェクトでは、中国側提供の敷地内樹木の移動に一本当り数百万円の補償費（日本から呼び寄せた植木の専門家によればそれほど値打ちのない老木ばかり）を要求されたり、周辺住民への工事期間中の騒音補償費を要求されたり、いずれも合作契約交渉中には話題にならなかった予定外の費用が次々発生しました。また別の合作ホテルプロジェクトでは、隣接する中国側パートナーのホテルの庭園に面した建物計画図をみて、「長年の庭園の景観維持費として借景料を支払え」といわれたり、電力引込みに利用することになっていた中国側パートナーのホテルの変電所（すでに築十数年経過）の当初建築費の負担を要求され、いずれも工事を急ぐために受け入れざるをえなかったという例があります。

これらの経験から、中国側の現物出資の評価額はもちろんのこと、その内容や整備すべきインフラ、ファシリティ、除去すべき障害物等についても、事前調査の段階で中国側と納得いくまで協議し、関係行政当局にも出向いて確認することをおすすめします。なお、土地使用権の払下げが行われていない土地は、借入金の担保に使えず、都市再開発や道路建設の立ち退き要求にも対抗できないことはすでに述べたとおりです。

(5) 会社組織の大枠と経理（部長職）の権限

中国の会社組織では、日中双方の出資者代表で構成する董事会が会社の経営方針や予算・決算等を決定する最高意思決定機関です。その議長は董事長（会長）と呼ばれ、会社の唯一の法定代表者です。中国での合弁の場合は、中国側に敬意を払って、中国側が董事長を務めるケースが大半です（一九八三年に初めて制定された「中外合弁企業法実施条例」では、中国側が董事長を務めることが義務づけられていましたが、現在では、当事者の協議で決められることになっています）。したがって、副董事長（副会長）は日本側が務めることになります。

会社の日常業務の最高執行責任者は総経理（社長、「総経理」は「経理」＝部長の総元締めという意味）と呼ばれ、董事長とのタスキ掛けで、日本側が就任するケースが大半です。この場合、中国側は副総経理のポストを要求してきます。総経理は董事会で任命されることから、董事として董事会に出席する権利を有する例が多いようです。

会社の執行部門としては生産、販売、総務（労務）、財務（経理）がどの会社にもあり、日中双方の協議で各部門の経理（部長）が決められます。

生産＝日本側、販売＝中国側は比較的スムーズに決められますが、もめるのは資金関係と人事関係です。結論をいえば、中国人の人事管理や労務管理は、ある程度中国側に任せ（ただし最終的には総経理承認事項とする）、資金関係は日本側がしっかり掌握することが大事です。まだまだ中国では資金にまつわる不祥事が多すぎます。

特に私営企業との合弁の場合、中国側は資金のやりとりがからむ部門に一族関係者が深くかかわっているケースが多く、ここを外国側が握ることに強い抵抗を示す傾向にあるので注意が必要です。

各部門の経理（部長）への大幅な権限委譲は理想的ではありますが、実際には合弁会社がスタートしてみないとわからないことが多いわけですから、初めは総経理と副総経理が多くの決裁事項に関与する体制でいくべきだと思います。

緩めるのはいつでもできますが、緩めたものを締めるには多大なエネルギーを要することを肝に銘じるべきです。

(6) 日本側高級管理職の給与水準、住宅水準、福利厚生水準

これは必ずしも合弁契約書に記載しなければならない事項ではありませんが、合弁契約調印前に必ず議論しておくべき事項です。合弁会社がスタートしてから、日本から派遣された高級管理

職（総経理、副総経理、経理等）が自分の待遇について中国側とやりあうのはあまり気持ちのよいものではありません。

日本人は本社を離れて合弁会社の専従となるわけですから、日本での給与を全額合弁会社から支給されるのが原則ですが（そのような事例も最近はふえてきてはいますが）、そうでないケースが圧倒的に多く、差額を日本の本社が負担しているのが実情です。

スタート当初はやむをえないとしても、合弁会社の業容拡大あるいは収益力向上に応じて合弁会社支給額をふやすべく協議する旨の一文を合弁契約書に記載しておくことは、後日董事会の議題として取り上げる根拠となるので、非常に大事です。

なお、中国では「同工同酬」すなわち「同じ仕事は同じ給料」という概念があり、日本人と同等のポストの中国人には、日本人と同水準の給与支給を当然のごとく要求して、これを貫徹します。しかも、当人にはそのような高い給料は支給されず、中国側パートナーの特別収入となる仕組みです。これは中国社会の一つの習慣なので、「同工同酬」は受け入れるとしても、その極力多くが当人に支払われ、勤労へのインセンティブが働くような取決めをしておくことをおすすめします。

私どもが関与した合弁プロジェクトで、中国人高級管理職の給与を、全額当人に支給されないことを理由に日本人の七〇％で合意していたところ、業績が向上して配当できることになった翌年のベースアップは、中国人（一三〇名全員）が七〇％弱、日本人（五人）が四％となりました。中国側の言い分は、「自分たちは長年低い給与で我慢してきた」というものでした。日本側は中国側がこういうセリフを口にする前に、中国人の大幅ベースアップを提案するような気配りをすべきだったのかもしれません。

日本側派遣社員の住宅は、少なくとも三年から五年、単身で生活することを考え、比較的よい環境のものを選定すべきで、中国側がコストの面から抵抗する場合は、日本側本社が一部負担するのもやむをえないと思います。

かつては、一般の中国人居住地域に外国人が混在することは精神汚染の原因と考えられていたため、原則として禁止されていました。最近でこそ商品住宅の増加でこのような概念は薄れてきていますが、価格の高い外国人居留地域の専用住宅を選択するのが治安の面からも無難です。

(7) 董事会構成は出資比率を極力反映させる

董事会の議決権は出資比率ではなく、董事の人数で決まります（「中外合弁企業法実施条例」）。したがって董事会の構成に極力出資比率が反映されるような工夫が必要です。議決権でマジョリティを確保しようとするならば、出資比率五一％は意味をもちません（将来株式会社に転換したときには意味をもちます）。六〇％とか七〇％とか、董事会の人数が振り分けられるような出資比率を確保すべきです。もし、出資比率五一％でマジョリティに近い効果をあげようとするなら、董事会の議長である董事長ポストを握るべきだと思います。

また、董事会の議決は、合弁法等で定められた全会一致決議事項（定款変更、合弁の中途終了・解散、増資・減資、会社の合併や解散、の四項目）以外は、過半数や三分の二以上の同意を必要とする例が多く、議決権を確保するためには、相応の出資比率と董事の数が必要となります。

(8) 董事長、董事の定年制または任期（重任）制限を設ける

合弁法で董事（董事長も含む）の任期は四年（ただし会社法では三年以下なので、三年以下が無難）ですが、重任は妨げません。しかし、合弁契約上は、一人二期（八年）までとか、定年を設けて、定年を超えての重任は認めないなどの歯止めを設ける必要があります。なぜなら、往々にして中国ではいったん権力を握ると手放したくなくなる傾向が強く、特にイヤな人、悪い人ほどその傾向が強いというのが経験則です。もし本当に規定を超えて継続してほしい人であれば、董事会の特別決議で重任を認めることが可能ですから、合弁契約上は制限を設けておくべきです。

最近ふえてきている民営企業との合弁では、中国側のオーナー経営者が董事長に就任するケースが多く、上記のような制限は設けにくいと思います。理想からいえば、かかるオーナー経営者の董事長就任は回避したほうが無難だと思います。

(9) 会社清算時の清算委員会の構成、資産評価の方法、資産配分方法

一般の合弁契約において、業績不振や合弁期間満了等の会社清算事由により清算を行うことを定める条項は、「関連法律にのっとり清算委員会を設置して資産評価を行い、残余資産がある場合には出資比率に応じて配分する」程度に比較的簡単に規定されているケースが多いようです。

清算というのは業況が順調でないときがほとんどで、合弁期間満了の場合も資産の取合いになる可能性が高く、いずれにせよ話合いはもめることが予想されますので、清算委員会の構成や資産評価の方法（公正な第三者評価機関による時価評価、ブランドや暖簾も評価の対象とする等）、資産配分方法（適用為替レートの考え方、支払通貨等）について、ある程度具体的に記載することをおすすめします。

(10) 契約書の使用言語

合弁契約書は英文一本化がベストですが、日中双方とも英語で実務が処理できる人材はまだまだ少なく、特に中国側は必ず中国語訳を要求しますし、行政当局も提出書類は必ず中国語版を要求します。日中合弁プロジェクトの場合は、日本語版、中国語版の二本建てが実用的です。

大事なことは、「日本語版」「中国語版」は「同等の効力を有する」とすることです。中国側に

契約書案文作成を任せると、「解釈の疑義が生じた場合は中国語版による」との文言を入れますので、これは絶対に回避してください。あくまでも日中双方協議による解決に徹すべきです。

ある大手電気メーカーの中国合弁第一号案件では、香港の弁護士事務所に数千万円も支払って英語の合弁契約書をつくりましたが、就任した日本人総経理によれば（彼自身は英語はまったく問題ないのですが）、中国側の副総経理には中国語以外通じないため、結局中国語訳の契約書を作成させられたと述懐しています。

⑪　仲裁機関

中国側に契約書案文作成を任せると、紛争の解決手段は仲裁となり、仲裁はすべて北京の中国国際貿易促進委員会にある「中国国際経済貿易仲裁委員会」にて行うとされてしまいますが、これは避けて、「被申立人の国の国際仲裁機関」とすることも一考です。なお、紛争の解決手段としては訴訟という手段も選択可能ですので、仲裁・訴訟の両者をよく比較検討のうえ、紛争解決の手段を決定していただきたいと思います。

⑫　その他の留意事項

中国との契約文言で「責任をもつ」とか「責任をもって……する」というのは要注意です。日本側は責任を果たすために約束どおり物事を処理するのですが、中国側はお金のかかる事柄については、いつまでたっても処理しません。彼らにいわせれば、「責任をもつ」「責任をもって……する」のは「協力する」という意味で、資金負担してまで処理することは約束していないのだそうです。

このことは欧米でのビジネスの常識だそうで、この点で中国側の主張は正しいともいえます。したがって中国側に処理を期待するのであれば、その処理に必要な関係費用をどこまで、だれが負担するかを十分協議して明記しておく必要があります。

また「……してはいけない」とか「……しなければならない」という文言も、これだけでは効力はありません。してはいけないことをした場合、しなければならないことをしなかった場合の罰則やペナルティーを具体的に明記する必要があります。これも中国人社会の習慣の一つですので、中国で仕事をする以上、「郷に入っては郷に従え」ということではないでしょうか。

合弁契約書に限らず、たとえば就業規則などでも「無断欠勤をしてはならない」ではなく、「無断欠勤を三回以上（三回を含む）記録した場合は、会社はいつでも当該職員、労働者を解雇できる」という規定が、当局（人事局、労働局）で承認されている実例があります。

第4章

中国人との付き合い方

中国に設立した現地法人や駐在員事務所に勤務するにあたって心すべきこと、留意すべきことについて述べてみたいと思います。私自身、一九八四年から三年間は上海駐在員事務所首席駐在員、一九九一年から三年間は初代上海支店長として、計六年間中国に駐在した経験があります。

それらの駐在経験の反省と、日本企業の中国進出サポートならびにトラブル処理の仕事に携わってきた経験に基づくレポートです。

1 基本は万国共通「誠心誠意」「気配り・気働き」——「将心比心」

中国人といっても、決して特殊な人種や民族ではなく、われわれと同じ考える人間、感情をもった人間だということです。したがって中国人との付き合い方の基本は万国共通「誠心誠意」「気配り・気働き」、これに尽きるといっても過言ではありません。

強いていえば、中国人は「メンツを重んずる」といわれるように、気持ちとか感情には敏感な人たちだと思います。したがって、その結果や影響、相手の感情を考えない不用意な発言は厳に慎むよう注意が必要です。感情を害すると修復に大きなエネルギーを要します。

お世辞は、相手の中国人から「この人は口先だけの人、口が達者な人」と誤解されやすいので、控えていただきたいと思います。

中国には「将心比心」――真心をもってお互いに深く理解し合う、誠意をもってあたれば相互理解が深まる――という成語があることを銘記すべきです。

2 中国人の物の考え方は「現実的」「経済合理的」

現代中国では、「実事求是」すなわち事実に基づいて真理を究めることが毛沢東思想、唯物弁証法の基本原則とされていますが、要するに現実のなかに真理があるという考え方です。もともとの出典が『漢書』河間献王伝ということからもわかるとおり、中国人の昔からの物の考え方であり、「中国人は現実的」といわれるゆえんでもあります。

また、「経済の下部構造、政治・イデオロギーの上部構造」というのは、マルクスが社会構造、社会の仕組みを説明したテーゼです。しかし中国人は、マルクスに教えられなくとも、古来より生まれながらにしてこのことを身体で覚えているのではないかと思われるくらい、思考過程や政策立案のプロセスにおいて経済を基本に据えているように思われます。鄧小平氏が「白い猫も黒い猫もねずみを捕るのはよい猫だ」といったのも、同じ発想ではないかと私は感じています。

一九七八年一二月の改革・開放政策は、安徽省の農業生産請負制の追認がそのスタートです。すなわち中国社会の基礎である農業分野の改革から着手し、それから工業、商業、金融、保険、証券へ順次その改革の輪を広げていきました。ソ連がペレストロイカと称して政治改革から着手し、連邦の崩壊を招来したのとは対照的です。

一〇年以上も前の話ですが、来日した対外経済貿易担当の中国政府高官と土曜日、日曜日に関東近県の弊行保養所でテニスをご一緒する機会がありました。

新幹線に乗る前、有楽町のデパートでテニスラケットを購入することになり、いつも行っている体育用具売り場にご案内したところ、テニス用具が見当たりません。女子店員に尋ねたところ、最初に探した場所を教えられたので、再び行ってみましたが、やはりありません。やむなく八重洲地下街のスポーツショップに行きましたが、店内はゴルフとスキー用具一色で、ようやく片隅にある二～三種類のテニスラケットを見つけました。高官の秘書が盛んにいちばん高価なラケットを買うよう勧める傍らで、高官は値札や商標などをいろいろとチェックした後に、いちばん高価なブランド物の炭素繊維ラケットを選びました。

新幹線の時間も迫っていたので、ガットは現地で張ることにして列車に飛び乗り、ビールを飲みながら雑談した時のことです。私は初めのデパートを下見せずに案内し、時間を浪費してしまったことをお詫びしました。

すると高官は私に、「あなたが謝る必要はありません。女子店員が場所を教えたということは、つい最近まで、そこにテニスラケットが置いてあったということです。いまは一一月だから、売り場効率の関係でゴルフやスキー用品に置き換えられただけです」といいました。さらに、「私がなぜ炭素繊維のラケットに決めたかわかりますか？　いちばん高価だからではありません。近々中国向けの炭素繊維禁輸措置が解除されるので、炭素繊維の製品を使ってみようと思ったのです」といわれました。

この高官は、一週間の日本滞在中、時間が空けばスーパーや商店に飛び込み、Made in China製品の価格をチェックしていました。中国人の合理的な物の見方（観察）、合理的な物の考え方を知ることのできるエピソードではないかと思います。

3　中国人の行動は「メンツ」が優先

このように、中国人の物の考え方はきわめて合理的なのですが、行動は「メンツ」が優先するので注意が必要です。

よくいわれることですが、中国人は人前で叱責されることを極端に嫌がります。部屋に呼び込み一対一で根拠を示して注意することです。

そもそも中国人は、人から批判されることも嫌います。よほど親しくなり、相手の当方についての理解が深まるまでは、批判めいた発言は抑制したほうが無難です。

また、中国人との交渉で机をたたいて議論するのは避けていただきたいと思います。中国人が感情を害して、関係修復に難渋します。関係修復を急ぐなら、当該交渉者を更迭せざるをえません。「机は物事を考えたり、物を書く場所で頭に相当する。交渉中に机をたたかれると自分の頭をたたかれたように感じる」と教えてくれた中国の知人がいます。

社会主義・官僚主義国家である中国では、隅から隅まで「官尊民卑」が徹底しています。当方が民間企業や民間組織であれば、中国側は一段低い位の行政官が対応するのが一般的傾向です。たとえば、日本側団体組織の会長が民間人で財界トップクラスの人物でも、中国側カウンターパート組織のトップは原則として当該行政機関のナンバー2以下という具合です（ただしこの点では日本の官僚も同じ考え方をするということは、われわれも経験ずみです）。

したがって、日本側民間組織が中国側と会談や会合をもつ場合、日本の高級官僚が参加したり、名簿に記載されることが、中国側にとっては大変大きな意味をもちます。現地で調印式やパーティーを催す際に大使や総領事を主賓として招くことは、中国側の政府高官を招くためのポイントの一つです。

また、中国人は、肩書のバランスや前例比較に大変敏感です。たとえば、来日した中国代表団の表敬訪問を受ける際、当方が肩書のバランスがとれる人物を準備できないときは、むしろ来訪を断るくらいが無難というより正解です。前回中国側に行った対応は、先方も十分認識していて、今回それと同等かそれ以上の対応をしないと、中国側が内々大きな不満を抱くことになりかねないので、注意が必要です。

前任者と後任者の関係も同様です。前任者と特に親しくなり、格別の待遇をすると、後任者もそれ以上の待遇をしないと、内心不満をつのらせるというケースがよくあります。

これらの事象は、いわゆる「メンツ」の問題ですが、いずれの場合もそのメンツは徹底して自分のメンツのことであり、相手（当方）のメンツはどうしても二の次になりかねないのが実態です。北京駐在の大手商社中国総代表が、「中国人は自分主義、自分と一族の利益を最優先に考える傾向がある」と指摘したのは、言い得て妙なるものがあります。

4 パートナーや取引先、従業員との関係強化のポイントは「雪中送炭」

「雪中送炭」は中国人が好んで使う成語です。読んで字のごとし、雪中に炭を送る、すなわち逆境にある人に援助の手を差し伸べることです。中国人との付き合い・交流が長年続くと、必ずこのような機会に遭遇します。「どうも最近顔色がよくないな、何か困ったことでもあるのかな」と思って情報を集めてみると、家族が病気で入院費用の工面に困っているとか、奥さんがリストラされて失業したとか、引き立ててくれた上司が定年で辞めるとか、さまざまな事情がわかります。入院費用を人知れずそっと貸してあげる。必ず返ってきます。決して踏み倒しはありません。リストラされた奥さんの就職の面倒をみる。たとえば親しい日系企業の駐在仲間に中途採用の可能性について照会したり、その企業にも同様の境遇の人がいれば、奥さん同士をバーターで採用し合うなど、いろいろ骨を折ってみることです。

中国人は、特に外国人には借りをつくりたくないので、助けてほしいとはいいませんが、本当に困っているときに手を差し伸べると心底感謝してくれて、その後は山より高く、海より深い間柄になれること請け合いです。何を相談しても、頼みごとをしても、考えうるいろいろな方法やルートを使って、親身に対応してくれるようになります。

したがって、仕事や生活でつながりの深い中国の人たちとは、普段からコミュニケーションに努め、何か困難な事態が発生したときには、お互い率直に何でも相談し話し合える関係をつくりあげるような工夫が必要です。たとえば、相手の家族の誕生日や入学・就職のお祝いの食事、仕事を仕上げたときの慰労会、会社の目標を達成したときの報奨や会食、国慶節や正月前の祝賀会食等々。いずれの場面でも食事をすることがコミュニケーションを深める有力な手段となっているという点が、中国社会の一つの特色です。

また、中国人から相談を持ち掛けられたときには、どんな難問であってもゼロ回答は避けてください。「それはむずかしいが、これではどうか、こういうことにすれば本社の了解が得られやすい、とりあえずこの程度の金額であれば私の権限でいますぐ対応できる、成功するかどうか確約はできないが最善を尽くしてみよう、その結果でまた協議しよう」といった工夫が大事です。要は中国人のメンツをつぶさない配慮の習慣を身につけるということでしょうか。

逆に、事柄の程度にもよりますが、当方から中国人にお願いごとをするときには、その時点でどう考えてもまったく不可能と思われる難題をストレートにぶつけるのは要注意です。もし実際に相手が立ち往生するような事態になれば、相手のメンツをつぶすことになります。用意周到に実現の可能性や実現するための前提条件、関係部門の感触などの情報を収集したうえで相談・頼みごとをする配慮も大事です。

最後に中国人の心をつかむヒントを一つ――それは「将の心をつかもうと欲するなら、妻子の心をつかめ」ということです。奥さんや子どもさんに対する配慮を行えば、ご主人はいっぺんに親しみを感じてくれます。お土産や景品は奥さんや子どもさん向けが大変喜ばれます。相手が年輩の方であればお孫さんに配慮することも大事です。

私は一九八〇年代の駐在時代、日本に帰ったときにはパンティーストッキングを買い込み、トランクに詰めて中国へ持ち帰りました。中国ではまだ大量には生産されておらず、貴重品（輸入品が主流）でしたから、男性にも女性にも喜ばれました。男性からは、奥さんや姉妹、恋人に配って喜ばれたといわれました。子どもが小学校に入学するときは、当時中国にはなかった五〇色以上の絵の具や色鉛筆、鉛筆削り（手動――電動は電圧があわない）を贈って喜ばれました。いまでも資生堂の化粧品（二〇〇〇年以降二〇代女性の間でトップブランドの地位確立）などはだれからも喜ばれます。

5 大学は「蛍雪時代」

広い国土に多くの人口を抱える中国では昔から「嚢蛍映雪」「十年寒窓」「頭懸梁、錐刺股」等刻苦奮闘努力して位を極めることわざや成語が多くあります。

私の中国駐在六年の経験からも、中国ビジネス二〇余年の経験からも、中国人の資質はきわめて優秀だと実感しています。思うに世界四大文明発祥の地の民族は、その歴史の長さもわれわれの二倍以上ありますし、総じて優秀なのではないでしょうか。

その優秀な中国人の大学生は、学校でも日本とは比べものにならないくらい熱心に勉強しているということです。北京で活躍中の大手電機メーカーの中国総代表の話です。

「清華大学を見学して驚いたことの一つに、学生寮は全館夜の一一時に強制消灯、案内の教授の話によると、『そうしないと彼らは何日でも徹夜をするので、健康管理上そうせざるをえない』ということです」

北京大学の学生寮に入って二年間留学したお茶の水女子大学の大学院生からも、同様の話を聞かされました。

「北京大学も学生寮は全館夜の一一時に強制消灯です。北京大学では、図書館の開門前に行列ができます。学生寮は一部屋に四人ないし六人住んでいます。日中落ち着いて勉強しようと、図書館に殺到するのです。また、北京大学では教室の机に学生の名札が貼ってあり、授業のない教室では、自分の名札の机で勉強する学生が大勢います。寒い冬は、ずいぶん助かりました」

北陸のあるIT関連企業が武漢に独資企業を設立し、武漢大学と連携してSE（システムエンジニア）要員を育成する事業を始めました。この事業を推進した同社の役員の方に、前述の清華大学や北京大学の事例を話したところ、「実は私も、武漢大学の学生寮は学生の健康管理上夜の一一時強制消灯と聞いて、驚いたことがあります」とおっしゃっておられました。

まさに中国の大学は「蛍雪時代」と表現しても決して大げさではないような気がします。

ただし、一九八〇年代生まれ、一九九〇年代生まれの最近の学生は、中国版「現代っ子」ともいうべき人間がふえてきていて、大学におけるかつてのよき伝統も昔物語になりつつあるというのも現実のようです。

(1) 大学入学者は急増中

ではなぜ大学生はこれほどまでに一生懸命勉強するのでしょうか。

一三億人の人口大国中国で大学卒の人口比率はまだ七～八％（推定）といわれており（日本は二〇〇〇年国勢調査で二〇・九％）、大学卒は超エリートです。大学に入り、大学でよい成績をあげれば、一生食うに困らないだけでなく、いろいろなチャンス（＝利権）にめぐり合えるわけです。

昔の中国では、競争率は厳しかったのですが、頭がよければ国費で大学に入ることができました。

ただし、国費入学の学生の場合、卒業後五年間は国家が指定する職業に赴く義務がありました。したがって普通の人が行きたがらない新疆ウイグル自治区や青海省、チベット自治区等の地方に就職させられるケースが多く、五年間もいればその土地で結婚し、家庭をもって定着するようになったわけです。

またそのような人たちは、年に一度旧正月には二〇日から三〇日の「探親休暇」をもらって親元に帰る権利があり、雇用者はその往復の旅費を負担すべきことが、法律で義務づけられています。

一九九四年九月、国家も大学も財政難のため、この国費入学制度は廃止されました（奨学金制度は存続しています）。日本と同じく、中国でも頭がよいだけでは大学に入れない、お金が必要な世の中になってきました。

それでは中国の大学入学者は減っているかというと、逆に国の政策としても一九九九年から定員は大幅に増加し、また新しい大学が次々に生まれています。二〇一〇年の大学入学者は六五〇万人といわれています。日本の二〇一一年大学入学者数は五五万人ですから、中国では年々日本の一二倍の大学進学者が誕生していることになります。

人口大国中国は母数が大きいため、大学卒業生の人口比率はなかなか上昇しませんが、実数は確実に大きくなっており、これも中国の経済成長を支える大事なファクターであることに注目する必要があります。

(2) 「一族の誉れ」――都市部の大学進学事情

ところで、頭がよいだけでなく、お金もなければ大学に入れない。どうやったらお金の工面ができるのでしょうか。

国立大学の授業料は年八〇〇〇~一万五〇〇〇元(二〇一〇年度)、寮費は年六〇〇~一六〇〇元、ほかに食費や生活費が必要で、大学生として生活していくだけで年間二~三万元(日本円二四~三六万円相当)はかかるといわれており、一般のサラリーマン家庭にとっては厳しい出費に違いありません(ちなみに中国の二〇一〇年の都市住民一人当りの可処分所得は一万九一〇九元、農村住民一人当り純収入は五九一九元です)。

都市部では、大学に合格すると親戚中にそのことを知らせるそうです。親戚の人間は、一族の誉れであり、何かと頼りになる、あるいは卒業後はいろいろなおこぼれも期待できるとあって、皆寄附をしてくれるということです。

一九九一年八月、私は上海支店を立ち上げ、中国人職員一六人日本人四人計二〇人でスタートしました。当時昼休みになると、中国人職員が集まって熱心にパソコンをのぞいているので気になって近寄ってみると、皆株式相場をみている。私が、「まだ就職したばかりで株式投資をするお金なんかないんじゃないの」というと、彼らは「親戚中から運用を頼まれている、お金を預かっている」といいました。親戚皆が一族の大学卒業生を頼りにしていることを思い知らされました。

(3)「村の誉れ」——農村部の大学進学事情

中国には戸籍制度というものがあって、原則として農村戸籍から都市戸籍への変更は禁止されています。都市戸籍取得のために子どもを大学に入れようとする農民の親も、その費用捻出のメドが立たず断念せざるをえないケースが多いのが実情のようです。

また、都市部の例のように親戚中に声を掛けても、農村の所得水準が低いために、集まる寄附も雀の涙で、寄附をあてにした大学入学は無理ということのようです。それでも中国では内陸部や東北地方にも立派な大学があり、地方都市や農村から多くの大学生が誕生しています。

北京から上海行きの国内便の飛行機に乗っていた時に目にした政府の広報誌「人民中国」二〇〇一年八月号には、北京大学、清華大学の学生一〇人の手記が載っていました。

いずれも地方都市や農村出身で大変な苦労を乗り越えて天下の名門大学に入学できた新入生の感動的なドラマです。

北京郊外の農村で、祖父母、両親、妹と一家六人が羊三〇匹で暮らす貧しい農家の劉剛君の手記です。

恩師が衣類や毎月五〇元の生活補助を出してくれて何とか高校（中国では「高中」、中学校は「初中」という）を卒業した劉剛君が清華大学に合格しました。

授業料も寮費も払えるあてはありませんでした。ところが、県長（日本の村長）が村民に声を掛け、村中から五〇〇〇元の寄附が集まりました。高校の恩師は六〇〇元（高校時代の生活補助一年分）の餞別をくれ、よく勉強するよう励ましてくれました。

そして、県の民生局も「村の誉れだ」といって四年間大学の授業料を出してくれることになり、劉剛君は晴れて清華大学土木水利学院土木工学部に入学できたのです。

「僕は全県の人々の希望を担って新生活が始まりました。これからは長い道程ですが、僕を助けてくれた人たちのことは決して忘れることがないと思います」と手記を結んでいます。

一九八四～一九八七年の上海駐在時代、名門復旦大学や出張のついでに立ち寄った南京大学、浙江大学の構内を歩いた時、学生が夕暮れのなかで芝生の上にしゃがみこんで外国語教科書を開いては伏せて一生懸命暗記している姿、その教科書は紙の質が悪かったせいもあるかもしれませんが、頁の隅はめくれ、ボロボロになっている様子がいまでも鮮明に思い出されます。当時だれもテープレコーダーはもっておらず、日本に行ったこともない人が、実に流暢な日本語を話すのに驚くこともしばしばでした。

あまりにも急激な大学生の増加で、大学を出ても就職がむずかしいという話を聞きますが、一方で中国進出した日系企業の悩みは、中間管理職や高級幹部が足りないことです。したがって大学卒業生の就職難も地域やタイミングのマッチングの問題で、いずれ時間が解決する問題ではないかと、私は楽観的に考えています。

(4) 文系よりは理系に優秀な人材が多い

私は人間を学歴や専門分野で差別するつもりは毛頭ありませんが、しかし中国人の採用や、一緒に仕事で手を組む場合等に、中国人を選抜する目安として、文系よりは理系の人に優秀な人がいる確率が高いと思っています。長年の私の経験則です。

現在の胡錦涛総書記率いる中国の最高意思決定機関である、中国共産党常務委員会第一期の九人は全員テクノクラートであったことは、日本のマスコミでも注目されました。

長年の中国の知人で、三年飛び級で北京大学歴史学部（東大法学部に匹敵）に入学し、学生会の主席も務めた中央行政機関の幹部の方に、この経験則をぶつけた時に、彼はあっさり「そのとおり」といいました。

理由を聞いてみると、「理系は中学時代（日本の高校時代）からカリキュラムの密度が文系よりもはるかに高い。実験したり、見学したり、勉強することがたくさんある。したがって能力ある人間は理系にチャレンジするケースが多い」というものでした。

もちろん文系はすべて駄目、理系はすべてよいというものではありません。選抜のものさしとして参考にしていただきたいと思います。

(5) 文革世代をどうみるか

あの不幸な文化大革命時代（一九六六〜一九七六年）は、初期段階で学童および学生が紅衛兵運動等に駆り出され、その後、多くの学生が農村や辺境に下放されたこともあり、小学校から大学までの学校教育の現場が、閉鎖などの混乱に陥りました。

したがって文革の時期に大学年齢だった人は正常な大学生活は送っておりません。一九六六〜一九七六年に大学生だった人あるいは一八歳（大学入学年齢）に達した人は二〇一二年にだいたい五五〜六四歳となる見当で、いわば脂の乗っているあるいは成熟している世代です。通常われわれが中国ビジネスで接する中国側のトップクラスの人材です。

文革が終結し、再び各種教育機関が再開された時、すでに大学入学年齢を超えていたこれらの文革世代の人はどういう行動をとったのでしょうか。

勉学の志に燃え、再び普通の大学や夜間大学あるいは専門学校に入学し、知識や技術の修得に励んだ人は大勢いたはずです。こういう人たちは現在われわれとビジネスの会話をしていても話が通じ合える、話のわかる人が多いように思います。これも私の経験則です。

実際に、こういった努力家で行政のトップクラスで活躍している人も多いと思います。三〇歳を過ぎて清華大学を卒業した中央の財政部の有力な副部長、文革時代命がけで沖縄のFEN放送で英語を勉強した銀行業監督管理委員会のトップ、下放された地方から北京に戻った後外国語大学で日本語を学んだ駐日中国大使等々そうそうたる顔ぶれです。

したがって交渉相手が文革世代のときは、会食などリラックスして懇談しているときに、文革後どういう道を歩んだかをそれとなくヒアリングすることは、相手を評価するうえで参考になるのではないかと思います。

6 中国人の歴史認識

(1) 三つの日中関係文書

日中戦争いわゆる歴史認識問題は、日中間に潜在的に横たわる基本的な大きな問題だと思います。

日中国交正常化合意に基づく一九七二年九月二九日の日中共同声明、六年後の一九七八年八月一二日の日中平和友好条約、一九九八年一一月の江沢民国家主席来日時に日中首脳会談で合意された日中共同宣言（「平和と発展のための友好協力パートナーシップの構築に関する日中共同宣言」）が、日本政府と中国政府で交わされた日中戦争の総括と今後の二国間関係の方向を規定する重要な「三つの日中関係文書」といわれているものです。

日中国交回復後も日本の歴代総理大臣の靖国神社参拝のたびに、中国政府からの「侵略戦争の責任者であるA級戦犯を祀る靖国神社への参拝は、戦争被害国の国民感情を踏みにじり、過去の侵略戦争正当化をもくろむもの」との抗議を受けて、いずれも「国益を考えて」（中曽根総理）総理大臣在任中の靖国参拝を取りやめてきました。

しかし、小泉総理は自民党総裁選挙の際の選挙公約を楯に総理大臣就任後毎年靖国参拝を続け、二〇〇一年一〇月の小泉訪中以後日中二国間の首脳往来がとだえる状況にありました。一九七二年国交回復時わずか一一億ドルだった日中貿易が、たとえば二〇〇四年は一六八〇億ドル、中国は米国と並ぶ最大の貿易相手国になっているように、日中経済はきわめて緊密な関係になってきていたにもかかわらず、正常な両国首脳往来がないというのは、異常事態（いわゆる政冷経熱）といわざるをえませんでした。

幸い二〇〇六年一〇月八日の安倍総理訪中とそれに続く二〇〇七年四月一二日の温家宝総理来

日によって、長らくとだえていた日中両国首脳往来が常態化したことは喜ばしいことでした。

私は、政治関係改善は政治家の任務であり、「戦略的互恵関係」（注6）に相応しい関係改善を維持していただきたいと願うと同時に、少なくとも中国ビジネスに携わるわれわれ民間人は、日中戦争に対する自分の考えをしっかりもち、少なくとも「三つの日中関係文書」の内容や意義を自分なりに理解する努力をすべきではないかと考えています。

（注6）二〇〇八年五月胡錦涛国家主席来日時に福田康夫総理との会談で合意した「『戦略的互恵関係』の包括的推進に関する日中共同声明」の第一項で、日中双方は「戦略的互恵関係」を包括的に推進し、また、日中両国の平和共存、世代友好、互恵協力、共同発展という崇高な目標を実現していくことを決意した、とあります。したがって以後日中両国政府の間で関係緊密化を謳うときには「戦略的互恵関係」が引用されることが多くなっています。
また、第二項では、「双方は、一九七二年九月二九日に発表された日中共同声明、一九七八年八月一二日に署名された日中平和友好条約及び一九九八年一一月二六日に発表された日中共同宣言が、日中関係を安定的に発展させ、未来を切り開く政治的基礎であることを改めて表明し、三つの文書の諸原則を引き続き遵守することを確認した……」とあります（傍点は筆者）。

前述の「三つの日中関係文書」にこの「日中共同声明」を加えて、「四つの日中関係文書」ともいわれています。

(2) 日中の共通利益

駐日中国大使の王毅氏は、二〇〇五年五月一一日、時事通信社主催の「内外情勢調査会」五月全国例会で、約一〇〇〇名の聴衆を前に、「長期安定した日中関係の構築へ」と題して約一時間二五分講演を行いました。当時の冷えた日中関係を長期安定的関係に再構築するための中国政府の考え方をわかりやすく説いています。まず、日本と中国の「共通の利益」の確立が長期安定の基礎であると主張します。米国、ロシア、インド、韓国ともそれぞれ共通の利益を確立した実績を説明しています。

日本と中国の共通の利益については、

① 日中の経済関係は緊密で、これを引き続き発展させること
② 北東アジアの経済圏建設のために、冷戦の残務処理――すなわち北方領土問題（ロシア）、核開発・拉致問題（北朝鮮）――を早く行うこと
③ 日中韓が手を組んで東アジア共同体建設とアジアの振興を推進すること
④ 日中間のFTAを締結すること
⑤ 国際警察協力、福祉協力、エネルギー協力、環境保護協力等共通課題の協力・解決を図ること

と述べています。
そして日中の共通利益を実現する方法として、
①すでにある日中間の約束事項を守ること、すなわち「三つの日中関係文書」を堅く守ること
②対話を通じて問題を解決すること
③相互理解を深めること（相手の状況を理解すること）
④さらなる人的交流を深めること
をあげています。
最後に「長期安定した日中関係の枠組み」として、
①それぞれ平和発展の道を堅持する（平和路線）
②脅威でなくパートナーとしての認識をもつ
③三つの日中関係文書を守る
④各界トップとりわけ青少年の交流を推進する
⑤経済の相互依存関係をさらに深める
⑥東アジア地域の平和と安定を保つ
ことを提唱しています。

以上のとおり、中国政府は日中関係の基礎は日中両国政府で合意された「三つの日中関係文

書」にあるというのが、基本的考え方ということだと思います。

(3) 周恩来の説得

私は歴史認識の問題を考えるとき、次の記事や文書にも注目しています。

二〇〇五年四月一四日付日本経済新聞の飯野克彦中国総局長の「歴史にこだわる中国、国民の『心の痛み』配慮」と題するコラムは、日中国交回復時の周恩来総理の対応を回顧しています。

「一九七二年の日中国交正常化の際、中国の指導部は国民の激しい反発に直面した。周恩来首相ら当時の指導部は、正常化に先立って国民を説得するため各地で座談会を開いた。その際の論理は

a．戦後の日本政府は過去について深刻に反省している

b．悪いのは日本軍国主義と一部の指導者で、一般の日本国民ではない

というものだった。

こうした論理を激しく揺さぶっているのが、小泉純一郎首相の靖国神社参拝や日本の教科書検定だ。日本は一九九五年に村山富市首相（当時）が過去の歴史を反省する『村山談話』を発表したが、『やっぱり日本は反省していない』『軍国主義の指導者を現在の日本の指導者は参拝している』といった批判が急速に中国国内で説得力を持つようになってしまった」

「小泉首相の靖国参拝について、中国政府は繰り返し、『中国を含むアジアの人民の感情を傷つける』と表明してきた。これに対し日本からは中国人の痛みを刺激するような反応ばかりが返ってきたと指導部は受け止めている。日本では反日デモが度を越し、中国政府がその責任を日本に求めることへの批判も高まっているが、中国指導部の不満も膨らむ一方だ」

(4) 中曽根総理の靖国神社参拝

戦後四〇年の節目の一九八五（昭和六〇）年八月一五日、首相として初めて公式参拝した中曽根康弘氏が、中国、韓国をはじめとするアジア諸国から「侵略戦争を正当化するもの」と強い反発を受け、特に中国からは、A級戦犯の合祀を取り上げ、「アジア人民の感情を傷つける」と批判され、以後首相としての靖国参拝を打ち切りました。

そして、翌一九八六（昭和六一）年八月一五日、中国の胡耀邦総書記に、その旨を書簡で伝えています。

「私は戦後四〇年の節目にあたる昨年の終戦記念日に、我が国戦没者の遺族会その関係各方面の永年の悲願に基づき、首相として初めて靖国神社の公式参拝を致しましたが、その目的は戦争や軍国主義の肯定とは全く正反対のものであり、我が国の国民感情を尊重し、国のため犠牲となった一般戦没者の追悼と国際平和を祈願するためのものでありました。しかしながら、戦後四〇年経ったとはいえ不幸な歴史の傷跡はいまなお、とりわけアジア近隣諸国民の心中深く残されており、侵略戦争の責任を持つ特定の指導者が祀られている靖国神社に公式参拝することにより、貴国をはじめとするアジア近隣諸国の国民感情を結果的に傷つけることは、避けなければならないと考え、今年は靖国神社の公式参拝を行わないという高度の政治的決断を致しました。

如何に厳しい困難な決断に直面しようとも、自国の国民感情とともに世界諸国民の国民感情に対しても深い考慮を行なうことが、平和友好・平等互恵・相互信頼・長期安定の国家関係を築き上げていくための政治家の賢明なる行動の基本原則と確信するが故であり、また閣下との信頼関係に応える道でもあると信ずるが故であります」（抜粋）。

周恩来総理が国民を説得するために各地で開催した座談会といい、中曽根総理が胡耀邦総書記に書いた書簡といい、いずれも自分の信念や考え方をきちんと表明する国家指導者としての説明責任を果たしている点にも注目したいと思います。

(5) 「忘れていません」「聞かないでください」「きっかけをつくらないでください」

私がいまから十数年前に、中国の三人のご老人の方に、失礼を顧みず日中戦争についての考えをお聞きしたところ、三人ともそれぞれまったく関係のない方々にもかかわらず、ほぼ同じ回答を得たことがあります。

一人は在米華僑で成田から上海の機中で隣り合わせた方、あと二人は上海の金融機関、不動産開発会社のトップの方々です。その答えというのは、「忘れていません」「聞かないでください。答えるのに困ります」「きっかけをつくらないでください」というものでした。

私は特に三番目の「きっかけをつくらない」という配慮が大事ではないかと思っています。というのも私のこれまでの中国ビジネス経験で、中国人から日中戦争について積極的に話題を出されたことは一度もありません。

ビジネスの場では、少なくともわれわれのほうから日中戦争の話題を出したり、それについての考えや感想を開陳するのは自制すべきではないかと思います。

(6) 七月七日(盧溝橋事件)、九月一八日(柳条湖事件)

二〇〇五年四月の北京や上海その他の地方都市での反日デモ発生で、日本と中国の間の戦争にかかわる記念日——五月四日(一九一九年五・四運動)、九月一八日(一九三一年柳条湖事件)、七月七日(一九三七年盧溝橋事件)、九月三日(一九四五年抗日戦勝記念日)等——にさらなる反日デモ発生が懸念されました。

結果的には、特段の反日的市民運動の動きはなかったわけですが、反日デモが頻発するような年は、これらの記念日には、念のため用心してハデな言動は、中国では慎むべきだと思います。

しかし私は、反日デモなど発生しない通常の年でも、七月七日、九月一八日の二日は中国では静かに過ごしていただきたいと思います。やはり日中間の不幸な戦争や戦闘のきっかけになった日は、中国人にとって忘れがたい日であり、その心情に思いを至せば、中国で活動する日本人駐在員は、心して行動すべきだと思います。

たとえば、宴会や調印式、開業パーティー等は避けたほうが賢明です。仮にそれらを催しても、招待客特に要人に欠席者が多くなり、また中国側からは「随分無神経な日本人」と思われてしまう可能性があります。

一九九九年、小渕総理が首相就任後初めて中国を訪問したときも、意識したかどうかわかりませんが、七月七日を避け、七月八日に出発したのを記憶しています。

しかし二〇一〇年九月の尖閣諸島をめぐる中国漁船衝突問題発生の頃、「……九月一八日（土）に予定されていた北京日本人学校の運動会を延期した……」というニュースをみた時に、そもそも中国で九月一八日にそのような日本人社会のにぎやかな行事を計画した無神経さに驚かされました。

先に述べた一九八五年八月一五日の中曽根総理の首相としての靖国神社公式参拝に中国が猛反発した時、当時の胡耀邦総書記は「中国はアヘン戦争を忘れるのに一〇〇年を要した。日中戦争はまだ四〇年しか経っていない」といったといわれています。

この問題はわれわれ日本人が背負っている十字架と考えるしかないのではないでしょうか。われわれ民間人はひたすらビジネス等を通じて中国人の理解を得る努力をする必要があると思います。

7 中国人社会との交流

(1) 積極対応、よい知人をふやす、情報収集

外資企業は、一般的に給料も高く、生産効率も高く、士気も高いので、パートナーの国有企業に比べて活気があります。したがって国有企業の従業員は、外資企業の動向が大変気になるものです。

外資企業のほうから、積極的にパートナーの国有企業の共産党委員会書記（中国側パートナー会社の最高責任者。通常外国人との交流には顔を出さないが、実は合理的理由があれば関与したがっている）、総経理、工場長、労働組合責任者との定期的交流（たとえば、旧正月前の新年会、国慶節前の祝宴）を企画することです。外資企業の業況を説明すると同時に、パートナー企業の社内事情

や人脈、業況、資金繰り状況等を把握し、大事な事項はしっかり記録し本社に報告するのも駐在員の仕事です。

パートナー会社と外資企業の新年会の共同開催提案（費用は人数割りで応分＋αの負担）とか、相手側が膨大な人員がいて共同開催が不可能な場合は、パートナーの新年会に、くじ引きの豪華商品（電気製品やスポーツ自転車、モーターバイクなど）を寄贈することは、親密な関係構築に有効です。

また「三項基金」（税引後利益で積立てを義務づけられている利益留保金）のうち、福利・厚生基金の運用（使途）に工夫を凝らすことも必要です。たとえば、共同住宅建設や、クラブハウス建設の一部に充当することなどです。

洪水見舞いやSARS見舞い等は、合弁パートナーや自社中国人幹部の意見も聴取して、タイムリーに実行すべきだと思います。たいていの場合、地方政府などに現金を寄附することが多いと思います。SARSの時はうがい薬や消毒薬を寄附したり自社工場や事務所にもそれらを設置するケースが多くありました。大事なことは、自社工場や事務所に設置するだけでなく、自社中国人従業員の家庭にも配布する気配りが必要だということです。案外この点は気がつかずに、従業員のロイヤルティーを高める機会を逃しています。

中部地方の自動車部品メーカーの社長から「工場もほぼ完成し、初期採用従業員も内定したのにSARSで要員訓練も操業も当面むずかしい。どうしたものか」と相談を受けました。「社長、物は考えようです。状況が落ち着くまで無理はできません。しかし、自宅待機している内定者の家庭に、うがい薬や消毒薬を送ったら家族ぐるみで御社や社長のファンになって、入社前からロイヤルティーが高まると思います。訓練よりも効果は大きいと思います」と申し上げました。社長がすぐに実行されたことはもちろんです。

現地での操業が軌道に乗ってくると、地元政府や外商投資企業協会主催の外資誘致説明会等への参加要請や、応援演説要請（時には日本の説明会での応援演説要請）があります。地元政府と親しくなるよい機会でもありますので、これらは最大限協力することをおすすめします。なんらかの事情で参加がむずかしい場合は、理由を説明し次回の協力を約束して相手の了解を得る丁寧な対応が大事です。

マスコミの取材も基本的には積極的に対応しておくべきだと思います。記者が記事を書きやすいように、参考データや参考資料を提供すると大変喜ばれます。さしつかえない範囲で工場見学を勧めるのも同様に感謝されます。

なお中国で式典やパーティーなどの催し物を報道する記事は、主催者があらかじめ用意して記者に手渡すことになっており、そのうえ食事を提供し、金一封（お車代）を手渡す習慣があることはわれわれ日本人には戸惑いのタネですが、「郷に入っては郷に従え」です。

中国人来訪者も、基本的にはできるだけ面談して、情報収集の一助にするくらいの心構えが大事です。

工場見学の希望も、数（回数や人数）が多いので大変ではありますが、極力受け入れていただきたいと思います（ただし、機密保持や同業他社の偵察的工場見学には最大級の留意が必要なことはいうまでもありません）。

また、中国の要人が工場見学に来るときは、だれがいつ来るのか直前まで詳細について知らされず突然あるいは直前に詳細を知らされ、準備におおわらわというケースがよくあります。

合弁会社の場合は、中国側が忙しそうに準備していても、何のためか日本側には知らされないケースはよくあります。後日中国側に、「工場見学の準備があるので早めに知らせてほしい」と申し入れても、彼らの答えは「要人警備上の観点からそれはできない」というもので、日本側責任者のイライラがつのります。

沿海地区の大都市郊外の国家級の工業開発区に、企業集積前の早い時期に進出し、当該開発区のモデル工場的評価を受けている日系自動車部品メーカーは、当該市の党書記や副市長の視察を複数回受け入れましたが、当該要人はいずれもその後北京中央政府のトップクラスの要人になっていて、必ずしもそのおかげというわけではないと思いますが、そのメーカーは地元でも諸々の優遇措置（工場の保税扱いや電力優先供給など）を享受している事例などがあります。

(2) 日本人社会との交流——積極対応、ただし日本人同士で群れないこと

日本商工クラブ、米国商工クラブなど外国人の交流、懇親を目的とする任意組織設立は従来北京一カ所に限定されていました。WTO加盟後は中国各地での設立が認められるようになりました（ただし依然として当局への申請と認可の手続きは必要です）。

これらの商工クラブでは、全体の会合のほかに業種ごと（たとえば金融や製造業や商業物流等）の委員会や、業態ごと（たとえば三資企業や傘型企業等）の特別委員会などが組織されています。日本人学校や日本人補習校（小学校、中学校）の父兄会や運営委員会などもあります。

これらの組織には資格があれば参画し日本人社会の運営に協力する姿勢が大事です。これらの組織運営には現地の日本大使館、日本総領事館も関与しますので、駐在員の安全確保の観点からも協力は有意義なことです。よくいわれる異業種交流とか情報収集の功能もあらためて申し上げるまでもないと思います。

駐在員として一つ注意していただきたいことがあります。それは中国で仕事をする以上、社会の交流は日本人だけに限定せず、欧米人社会や中国人社会との交流にも特に意を用いていただきたいということです。言葉の問題が立ちはだかりますが、自己努力をするとか、中国人職員を活用するなどの工夫、努力が必要です。実は欧米人にとっては、漢字はチンプンカンプンの世界で

あり、日本人は同じ言葉でうらやましいと思っているほどで、日本人との交流、情報交換を望んでいる欧米人は意外に多いものです。

要するに日本人同士群れることを避け、コスモポリタンな生き方を探求していただきたいと思います。

第5章

中国での生活面の留意事項

1 家族帯同の場合

外国人にとって中国の生活環境は、沿海地区ではここ十数年来格段に向上しています。日本人学校は全国七都市、外国人向けマンションや5スター級ホテルも全国主要都市で整備され、病院やショッピングセンター、コンビニエンスストア、スポーツ施設（テニスコート、室内プール、ゴルフ場）、ファストフードレストラン、イタリアンレストラン、日本料理店、コーヒーショップ等々、これらの生活インフラは、日本と比べてもほとんど遜色ない水準にあるといっても過言ではありません。中西部や東北地方でも省都では通常の生活に支障ない水準（ただし日本人学校は地域によっては駐在員の数が少ない関係で未開校）にあるといえます。

したがって子どもが高校生といった学校の問題がなければ、駐在員の健康管理、子どもの国際感覚涵養、奥さんの海外生活体験、視野拡大といった面から家族帯同赴任をおすすめします。

(1) 治　安

家族帯同の場合の最も重視すべきポイントは住居の治安です。

中国の場合、一般には他の諸外国に比べて治安は相当によいといえますが、毎年日本人旅行者が犯罪に巻き込まれる事件がゼロではありません。南京ではドイツ人駐在員の家族が侵入者に殺害される事件なども起きていますので、注意が必要です。

中国では外国人が一般の中国人居住区に住むことを原則として禁止しています。中国人に対する「精神汚染」を警戒しているためと思われます。その喧噪とカオスのなかに外国人が住むことは、想像すらできないという状況でもあります。

しかしこの十数年来すなわち一九九四年一月に外貨兌換券が廃止され、中国国内での代金決済がすべて人民元に一本化されて以来、物価の二重価格制が解消し、また商品住宅が急速に普及している現在、新たに分譲されたり賃貸されるマンションなどでは、中国人と外国人の住み分けは事実上不可能になっています。

中国人の富裕層が、昔は高嶺の花だった高級マンションにも楽々手が届くようになってきていることも、中国人と外国人の住み分けをなし崩しにしている要因です。逆にこれらの事情が、外国人にとって住居の治安問題を最も重視すべきポイントに押し上げている背景となっております。したがって住居の選定にあたっては、警備のしっかりした住宅地区にある建物をおすすめします。

また中国各地でガス漏れによる事故や死亡事故が多いので、この面の安全チェックも欠かせません。上海市でもひと冬で一〇人以上がガス中毒で亡くなったこともありますし、上海総領事館から、「二〇〇四年一～三月で上海で亡くなった日本人八人のうち四人はガス中毒によるもの。ガス漏れ事故には十分注意してほしい」とのおふれが回りました。ガス器具の不具合や純度の低い都市ガス（カスが溜まりやすい）が原因と思われます。したがって住居の選定は決してあわてず、複数の先住者の意見を聞き、自分の眼で確かめる慎重さが必要です。

(2) 学　校

一九七六年北京、一九八七年上海を皮切りに、大連（一九九四年）、広州（一九九五年）、天津（一九九九年）、青島（二〇〇四年）、蘇州（二〇〇五年）、深圳（二〇〇八年）、杭州（二〇〇九年）の九カ所に日本人学校（小・中学校）が開設されています。二〇一一年四月には、上海に世界で初めて日本人学校の高校が開校しています。外務省統計によれば、二〇一一年四月現在約三八〇〇人の学童が学んでいます。日本人駐在員家族がふえると日本人学校開設の要求が高まり、日本人学校が開設されると、家族帯同がいっそう増加するという相乗効果がここ十数年続いています。

私自身も一九八七年の上海日本人学校開設では運営委員会の一員として当時二〇〇〇万円の寄附集めの仕事に携わり、一九九一年にも、手狭になった賃借校舎を自前の校舎にしようと当初目標一二億円の寄附集めを担当した経験があります。仕事ではライバル関係の父兄が、子どもの教育にかかわるとなると皆一致団結協力して仕事を分担する姿は、実にすがすがしいものがありました。日本の将来を担い、家庭では駐在員の元気の源となる子どもの教育や学校運営に関しては、奥さん任せにせず、父母が一緒になって関心をもつ心構えが必要ではないかと思います。

たとえば日本ではなかなかむずかしい両親そろっての学校参観も、海外ではその気になれば年一〜二日のやりくりはそれほどむずかしいことではないと思います（かかる時間の保証は、駐在上司の理解と度量が大きく影響することも現実であり、上司としての資質を問われる機会でもあると思います）。教育環境の厳しい海外では、このような親子の交流の教育効果は計り知れないものがあります。

さらに、私の個人的経験で断定的な発言は控えるべきとは思いますが、あえて誤解をおそれずいわせていただければ、学校の先生方は往々にして世事に疎く、学校運営に関してははなはだ心もとない場面が多いのが実情で、駐在員は「監視と協力」の観点で、学校運営に可能な限り参画あるいは関与すべきではないかと考えます。少なくとも入学式、卒業式、運動会、文化祭、学校参観日等の学校行事には必ず参加するという姿勢が大事だと思います。

日本人学校の先生方の評価では、在外日本人学校の生徒は各方面で水準が高いといわれており、日本国内では経験できない国際感覚を育むチャンス、自立心涵養のチャンス、厳しい学習環境のもとで相手を思いやり助け合う心を育むチャンスととらえ、家族帯同赴任を前向きに検討されることをおすすめします。

(3) 衛　生

二〇〇三年中国はSARS禍に見舞われ、全国的に相当の社会的混乱に陥ったことは皆さんの記憶に新しいところだと思います。その真の原因はいまだ完全には解明されておらず、流行初期の情報開示の不手際と相まって、中国の公衆衛生管理に対しては一抹の不安があり注意が必要です。ただSARS禍が人々に衛生管理の重要性を再認識させたことも間違いのないところで、文字どおり「禍を転じて福となす」好事例にもなりました。

それまで昼食の主流だった上海名物「屋台の五元弁当」が衰退し、かわって外資系コンビニエンスストアの弁当、寿司、おにぎりの売上げが飛躍的伸びを示し、「中国の食生活習慣を大きく変えた」といわれています。無許可の飲食店や屋台は行政の取締りで消えつつある状況といわれています。

日本からの輸入高級果物や外資系食品メーカーの製品の安全性に対する評価が高まるとか、バスや地下鉄等の公共輸送機関の利用を忌避して、個人自家用車の売上げが増加するなど、中国人の消費動向にも影響を与えるほどのインパクトがありました。

ところで中国の衛生問題を考える際忘れてならないのは、時と場所を選ばず肝炎が流行することです。流行しないまでも、個人が肝炎にかかる危険性は高く、日本人駐在員の間でも毎年相当数の患者が発生しているといわれています。

いろいろな原因があると思いますが、食事を介しての感染が多いように思われます。中華料理では木の株のような重いまな板（日本のように手でもって水道水を流して洗うことは少ないようです）と、一丁の包丁で何でもさばく習慣も原因していると思います。

中華料理は基本的にはすべて火を通すので、安全なはずですが、最近は日本料理普及の影響もあって伊勢エビの活けづくりや海鮮料理と称してなま魚の料理が供されるケースがふえていることも影響しています。さらに日本料理店がふえ、中華料理の感覚でさしみなどのなま物を料理する中国人のシェフが多いのも原因の一つだと思います。外食の店の選定には設備の整ったホテルや名の通ったレストランなどが無難です。

中国では全国的に水質汚染が問題となっており、政府も真剣に取り組んでいますが、家庭では浄水器や浄水ポットの利用をおすすめします。一九八四年、私が家族とともに上海の外国人向けホテルのマンション部分に長期滞在した時、そのホテルのボイラーの副産物の蒸留水が配管で給水されていましたが、浄水器が一カ月で水の出が細くなり頻繁にカートリッジを交換していたこと、その水を日本の保健所に持ち込み検査してもらったところ「大腸菌はありません。雑菌は日本の基準の五〇倍から一〇〇倍あります」といわれたことがあります。それでも私の家族は駐在していた三年間、ゼロ歳児も含めて一度も医者にかからずに生活することができました。食材はよく洗い、必ず火を通すなどの注意が効果があったと思います。

中国で長期駐在する場合は、大人も子どもも中国が認定する医療機関または医療検査機関での健康診断と診断書の提出が義務づけられています。当然のことながら、中国人職員の採用にあたっては、入社前健康診断と、採用後の年一～二回の定期健康診断は絶対に欠かせません。結果的にはシロでしたが、開設まもないわれわれの銀行の上海支店の定期健康診断で「肝炎の疑いあり、再検査が必要」との通知が届いた私の秘書について、他の職員から一斉に「出勤を停止してほしい」と真剣に迫られた経験があります。内科医出身の職員がいちばん熱心に動いており、中国人にとっても肝炎はこわい病気だということを実感しました。

(4) 買物

昔は外国人の買物の場所といえば、友誼商店に限られていましたが、いまでは中国系、外資系ともにデパート、ショッピングセンターがたくさんあって、買物に不自由することはありません。ただ一つ注意することはニセ物の横行です。

小はボールペンから大はオートバイ、乗用車までありとあらゆる種類の商品分野についてニセ物が氾濫していることは昔もいまも変わりません。特に酒やお茶や食品、薬（漢方薬）などでは健康や生命にかかわる物質が混入、使用されていることもありますので注意してください。やはり世間で信頼されている店で買うのがどちらかといえば安全です。

敦煌で、日本の著名な日本画家が常宿にしているホテルというガイドの説明に安心して、そこの売店で白檀の彫刻の人形を七万円弱（値札は一〇万円超）で買い求めました。全体が透明なセロファンでしっかり包装されていたので、そのまま日本に持ち帰り開梱してみたところ何の香りもしない普通の木彫りの人形で、白檀とは真赤な嘘という苦い経験があります。ガイドと売店は完全につるんでいてしきりに当該売店での買物を勧めていたわけですから、有名なホテルといえども決して安心できません。

(5) 余暇の過ごし方

中国にはたくさんの世界遺産や、故事来歴のある名所旧跡がありますので、それらを訪ね歩くのは中国駐在員の特権です。ぜひ時間をつくり、家族旅行を楽しんでください。ほとんどの省都や大都市には博物館があり必見です。歴史的文物や数千年前のミイラ等が、手で触れられるくらい無造作に陳列されていて驚くことがあります。

ゴルフ場には駐在員の奥さんを対象とするゴルフ教室もあり、ゴルフを始めたり腕をあげるチャンスです。

テニスは日本でもプロで通用するほどのプレーヤーがたくさんいて、安いコーチ料で丁寧に教えてくれます。

中国語、英語、ピアノや胡弓等の楽器、書道、絵画や水墨画等々、何を習うにも水準の高いコーチや先生を見つけるのに不自由しませんし、コーチ料も日本に比べて格段に安いので習いやすく、修得のチャンスです。

中華料理をやろうとすれば、食材や調味料が安くて豊富で、厨房用具も本場のものがあり、腕をあげるにはよい機会です。

このような稽古ごとは当人にとって実利があるだけでなく、気分転換＝ストレス解消にもなり、中国人の友人の輪を広げたり、中国や中国人に対する理解を深めるうえで、大変有意義なことだと思います。

(6) 主人の心配ごと

家族帯同の場合の、ご主人の心配ごとの一つは、勤務中や出張等で家を長期間留守にするとき、家族の安全について時々不安がよぎることです。交通事故や不慮の事故災害、病気などです。

家族も含めて携帯電話を常備すること、会社の同僚およびその家族同士の交流、会社の職員・

家族など中国人や中国人家庭との交流もいざというときに力になります。日本企業の中国駐在員向け医療支援会社との加入契約も欠かせないと思います。

現地法人のリスクマネジメントマニュアルのなかに、駐在員の家族に関する項目を織り込み、中国人職員の理解をしっかり得ておくこと、そのための日頃の配慮や交流、信頼関係の構築が大事だということです。

子どもさんも独立し夫婦二人だけで駐在赴任するケースの場合は、日中一人になる奥さんの時間の過ごし方に工夫が必要になります。比較的年輩者の場合が多く、中国語の修得もままならず、子どもを通じての交流仲間に入るチャンスも少ない傾向にあります。閉じこもりがちになると、いわゆるノイローゼに近くなり、ご主人も仕事に集中できなくなってしまいます。

結局のところ本人の努力次第ということになりますが、たとえば外国駐在と幼児の育児で悩んでいる若い奥さんをサポートして仲間入りするとか、日本人学校や幼稚園の仕事に無料奉仕するとか（大歓迎されます）、家庭文庫を開いて子どもの遊び場を提供する等の工夫が必要です。

2 単身赴任の場合

(1) 健康管理

外務省統計によれば、二〇一〇年末の中国の長期滞在日本人(三カ月以上の滞在者で永住者ではない人)は一三万人、日本人学校、日本人補習校の在籍者は約三八〇〇人です。長期滞在者の職種別内訳(就労者、留学生、交換教授、主婦等)がわかりませんので推測の域を出ませんが、仮に一〇万人が就労者、日本人学校、補習校の就学者のいる家庭を二五〇〇世帯としても、就労者の大多数が単身赴任者ということになります。

ところで、単身赴任者にとって駐在するに際しての最大の留意事項は健康管理です。日本企業の中国駐在員向け医療支援会社の統計でも日本人駐在の増加に伴い、中国で病気になる人、病気で亡くなる人の数も年々増加傾向にあるということです。

健康管理の基本は自己管理、自分の健康は自分で注意を払い守るしか方法はないということです。

食事や栄養のバランス、運動、睡眠時間といった生活習慣をコントロールすることのほかに、駐在仲間と仲よくすることに心がけ、人間関係のストレスをためない工夫、家族帯同家庭（たいていの場合若い部下の家庭になると思います）との「共存」を図る工夫、すなわち日本に出張したときは奥さんや子どもさんの好物のおみやげを買って帰る、そのかわり時々は家庭に呼んでもらって家庭料理をごちそうになる、休日にはたまに家族を外食に誘うなどの「気配り」が大事になります。

前述の医療支援会社との加入契約は単身赴任者こそ必須です。ゴルフはストレス解消に有効で、本社はできるだけ法人会員権を準備してあげるべきではないかと思います。

家族帯同の項でも述べましたが、単身赴任者のガス中毒事故が多く、とりわけ「木曜日の夜」が多いという統計数字（某医療支援会社）が出ています。なぜ木曜日の夜か。

私はストレスが原因だと思います。明日は休みという金曜日にお酒を痛飲するのはよくあることですが、それを待てずに「あと一日行けば休み」という木曜日に我慢できずに深酒をしてしまうのではないかと推測しています。

肝炎も特に注意していただきたいと思います。年配の駐在経験の長い人に限って、食の穴場に詳しく、「こういう一見古くて汚いレストランが実は本場のおいしい名物料理を出してくれる」と粋がってグルメぶる人が肝炎にかかってしまう例が後を絶ちません。まともでオーソドックスな食べ歩きをおすすめします。

(2) スポーツ

いまの中国の沿海地区であれば、ゴルフ、テニス、水泳、釣り、サッカー、柔道、太極拳、気功、少林寺拳法、空手、卓球、野球、サイクリング、登山等健康増進に役立つと思われるスポーツはほぼ何でも楽しめる施設が備わっているように思われます。

私は山登りが趣味で一回目の上海駐在の時に、山登りの道具を一式持ち込みましたが、華東地区一帯は揚子江の数千年の堆積地のため目ぼしい山はなく、あてが外れた経験があります。

いちばん近い山らしい山は、飛行機で一時間飛んで麓にたどり着く黄山でした。麓に一泊、翌早朝出発し昼頃頂上、頂上で一泊、翌朝幽玄の世界のようなご来光を仰ぎ半日かけて反対側に下山、バスで数時間かけて杭州に着きそこで一泊、翌日汽車で四時間半、ようやく上海に帰着する全行程三泊四日、中国は広いとつくづく感じ入った覚えがあります。

(3) 余暇の過ごし方

昨今の中国進出ブームに象徴されるように、中国駐在勤務者はいずれの会社でも超多忙な毎日を余儀なくされています。毎日夜遅くまで残業、本社や日本の取引先の出張者の対応、営業開拓で中国国内を出張すれば、その移動距離は一日で数百キロ——朝早くから夜遅くまで車や汽車や飛行機に乗りずくめ、というパターンが多いと思います。加えて、企業進出に伴う調印式、起工式、開業式、周年パーティー、市政府や開発区管理委員会の会議出席、政府関係者の工場見学対応、日本商工クラブや日本人学校関係行事への参加協力等々席の暖まる暇もありません。

しかし、平日が超多忙なだけに、駐在員の皆さんは、土・日も含めて休日はしっかり自分の時間を確保しようとしていますので、仕事のしがらみから完全に解放されやすくもあり、またそうしないとストレスがたまって体を痛めてしまいます。

幸い中国での夜の会食は六時から始まって八時には終わる習慣があり、二次会もないのが普通ですから、家には比較的早く帰れて（通勤時間も二〇～三〇分以内）、寝るまでまとまった時間がとりやすいと思います。

以前中国の祝日は年間七日で日本の半分でしたが、朱鎔基総理が内需拡大をねらって一週間から一〇日間の連続休暇を二回ふやしました。

すなわち一月から二月にかけての春節休暇のほかに、五月一日からのメーデー（労働節）休暇、一〇月一日からの建国記念日（国慶節）休暇があります。これらの長期休暇の際は、単身赴任者は日本に帰ったり、家族が中国に旅行に来たりして家族との交流に費やす例が多いと思います。もちろん夏休みの習慣は日本と同じです。

いずれにせよ、目的意識をもって生活すれば、日本にいるときよりも比較的たくさんの余暇を捻り出すことが可能と思いますので、余暇の有効活用にも意を用いていただきたいと思います。

趣味をつくる、趣味を広げる絶好のチャンスです。書道などは本場だけに達人が多く（ただし作法等は日本と異なる部分もある）、スポーツの項でも述べましたが、コストパフォーマンスが高いのが一つの特色です。三～五年も継続すると相当の領域に達することができます。

囲碁も中国が本家です。こういう趣味に関係する材料や道具をそろえれば、いっそう力が入ると思います。

中国語や英語の学習も、決してあせることはありませんが、できるだけ早く始めて、コツコツと続けることが肝心です。大学の教授クラスの方がアルバイトで一生懸命教えてくれます。

中国料理を覚えたり腕を磨くのも趣味と実益と人の和の一石三鳥の効果が期待できます。中国の子どもたちに少年宮や学校の体育場で日本語や柔道を教えるボランティア活動もおすすめします。中国の友人や知人がふえる契機になりますし、中国理解も幅と深みが増してきます。

あるＯＡ機器メーカーの中国総代表まで勤めあげた知人は、猛烈サラリーマンの典型のような方でしたがやさしい心の持ち主で、長期休暇を利用して自費で米国に何回も行き、ついには盲導犬の訓練士の国際資格を取得し、第二の人生のボランティア活動の準備を整えました。自分が責任者を務める北京事務所の受付には、身体障害者を雇用して中国の福祉事業に貢献しています。

このような方は、中国国内でも評判が高く、本業のビジネスの面でも、中国政府筋からいろいろ相談を持ち掛けられたり、情報を得たりして、活躍の場が広がっています。

(4) カラオケ・その他の娯楽

市場経済化の進展はいろいろな生活環境の西側化を促していますが、娯楽方面もその例外ではありません。日本にあって中国にないものを探すのがむずかしいくらいです。

とりわけカラオケは、中国語で「卡拉ＯＫ」という造語をつくってしまうほど、中国人が好きな娯楽の一つで、大都市はもちろん、どんな小さな地方都市にも氾濫しています。

日本のカラオケ関連企業もソフト、ハード両面でその高い成長性を求めて中国に進出しています。

ただし、中国の一部のカラオケはいわゆる夜の商売の溜まり場にもなっており、旅行者はもちろん、駐在員にとっても誘惑の多い場所でもありますので注意していただきたいと思います。

公安当局のおとり捜査の対象になっているので、要注意です。二〇〇四年五月のある週刊誌でも、日本のある業界の団体旅行の一団が沿海都市でおとり捜査にひっかかり集団で検挙された記事が載っていたのを記憶されている方もいらっしゃると思います。

駐在員がこの手の不祥事に巻き込まれると、法外な罰金をとられたうえに、一週間以内の国外退去を命ぜられます。このような事態に遭遇した場合はすみやかに、日本の大使館、総領事館の「邦人保護部門」に連絡して指示を仰いでください。

(5) 書物

中国で日本の書物を買おうとすると、価格は二倍以上はしますので、ほしい書物があれば、日本からの出張者に頼むことです。

したがって日本からの出張者が頭を悩ます現地駐在員へのおみやげは、書物がスマートでしかも喜ばれるのではないでしょうか。

なお、現在ではアマゾンを利用して、中国でも定価で購入可能な地域（主に都市部）もふえてきています。

一つ注意することは、その中国語翻訳版が中国国内で発売禁止になった書とか、その内容が中国や中国の特定の要人を徹底的に批判した書は持込みが禁止されており、入国の際税関に見つかれば没収されます。『毛沢東の私生活』などが前例です。

(6) 日記や業務日誌

中国駐在が決まったその日から、極力日記や業務日誌をつける習慣を身につけてください。メモ形式、文章形式、何でもいいですから、書き留める習慣が大事です。対象は会社や仕事のこと、個人生活、中国の政治、経済、社会あるいは中国からみえる日本の政治、経済、社会などあらゆる事象です。

困ったこと、驚いたこと、憤慨したこと、感動したこと、感謝したこと、感謝されたこと、人助けになったこと、逆に助けられたこと等々……。

人や物を観察する眼が鋭くなります。後で読み返すと、自分の軌跡がみえて、自信につながります。これが仕事や生活の活力の源にもなります。

第6章

現地法人の運営

1 駐在員の最大ミッションは販売シェア拡大と本社収益への貢献

社会主義、官僚主義中国でのビジネス環境は、他の市場経済、自由主義国家のそれと比較して相当厳しいものがあります。ついつい本社とのやりとりでは、思うように業績が伸ばせなかったりすると、「中国とは……」とか、「中国では……」といった言い訳が口をついて出がちになります。その気持ちはよくわかります。

しかしいまや中国は世界第二位のGDP大国、世界第二位の貿易大国、世界第一位の外貨準備大国であり、一九七八年一二月の改革・開放政策がスタートして三三年間、平均GDP成長率は九％を超え、大きなマーケットとしてその存在感は高まる一方です。したがって中国でのビジネスの勝敗は、自社の業績にも大きな影響を与えるほどになりつつあるといっても過言ではありません。

中国自身もWTOに加盟し、市場開放の約束は着実に履行しておりますし、人治国家から法治国家への転換を標榜し相応の改善努力をしていることは間違いありません。いろいろ発展途上ゆえの問題はあっても、毎年改善され向上していることはだれもが認めるところです。

「中国とは」とか「中国では」の言い訳はもはや無用です。むしろ中国に配属されたことを誇りに思い、エキサイティングな中国で働くことを自分の成長の糧にしようとする前向きな考え方をすべきではないかと思います。

さらに中国では、自分の努力が結果に結びつきやすいということです。気配り、創意工夫したことが必ずビジネスの成果につながる可能性が高いのが中国です。

逆に遊ぶ気になれば、いくらでも遊べるのも中国です。

官僚主義中国では、点数を稼ぐことが重要になります。相手の中国人が点数を稼げるような工夫をすれば、親密な関係が築け、以後何か頼みごとをしても相当の手助けをしてくれることになります。一〇年、一五年、二〇年付き合ってきた人物が、地方政府や中央官庁の高官に就任して、仕事のうえの太い人脈になるケースは、中国ビジネス二〇年、三〇年の商社のチャイナスクールの人からよく聞かされる話です。中国ビジネスが長い私もここ一〇年来そういうケースがいくつか出てきて、自分でも驚くことしきりです。

(1) 本社への定期的情報発信は最低の義務

a 現地駐在としての分析と判断を伝える

中国に赴任したらすぐに本社への定期的報告を書く習慣を身につけていただきたいと思います。ポイントはその頻度です。月一回は少なすぎます。少なくとも二~三週間に一度は書いていただきたい。中国でのできごとをまとめて書こうとすると骨が折れます。経緯を説明するだけでも紆余曲折があって、大変です。案件の経過はできるだけ頻繁に簡潔に報告し、結果が出たときは、総括し教訓等をまとめて報告することです。

また日本で話題になっている中国事情についても、駐在している立場からの率直な感想等も本社や経営層には大変参考になります。後で振り返ってみると駐在員の感想が正しかったという事例はたくさんあります。時に起こる反日デモもその一例かもしれません。日本では最も激しいセンセーショナルな場面を繰り返し放映しますが、現地の印象は、局地的で中国としてはそれほど大規模ではないというものもあります。ただしその動機は、反日が契機にはなったものの社会のゆがみ、矛盾に対する深い反目が根底にあるという北京駐在一〇年弱のある電機メーカー中国総代表の分析が的を射ていたということを、その会社の経営者から聞かされたことがあります。

b　現地報告は経営トップに上がる工夫を

いまの世の中、中国情報に無関心な経営トップなどいません。皆さん大変強い関心をもっています。中国の現地報告は、本社では関係部門のほかに、必ず会長や社長等の経営トップに上がる仕組みにしていただきたいと思います。

経営トップには、何回かに一回は現地駐在員にコメントを返していただきたいと思います。現地報告をよく読んでいるぞというサインになり、現地駐在員もヤル気が出てきます。

中国と日本の時差は一時間、したがってたまには経営トップから現地駐在員に対し、電話の一本でもかけていただきたいものです。

大手自動車メーカーの上海所長が、いまでは財界の大御所である会長から夜中にカラオケ店から電話がかかってくると、嬉しそうにボヤいていたのを印象深く聞いたことがあります。

この会長は、一九九七年七月、アジア通貨危機が発生した時、真っ先に自分が長年勤務したことがあるアジアの現地法人に電話を入れて、「ナショナルスタッフの首を切るんじゃないぞ」と指示をした話を別の機会に耳にしたことがあります。ここでも気配りの大切さを垣間みたような気がしました。

(2) 派遣日本人の団結、チームワークはすべてに優先する心構え

古来「事業は人なり」といわれますが、中国事業においても、その成否を決めるのは派遣人材次第といっても過言ではないと思います。

派遣人材の備えるべき要件は前にも述べましたが三つの「ま」、すなわち「まじめで、まめで、がまん強い」ことで、「さんま」がいいと私は思っています。

さらに本社の人事部門や経営者の方々に申し上げたいことは、中国現地法人に複数の人材を派遣する場合、特にご留意いただきたいことは、人材の組合せで、一人ひとりの能力は二の次、何

よりも派遣される人たちの団結、チームワークを最優先にしていただきたいということです。

交替要員の人選は、これから派遣する人が、現地に残っている人たちとチームワークがとれる人材かどうかが、大事なポイントです。

したがって当然のことながら派遣日本人のトップになる人は、他の派遣日本人から一目も二目も置かれて資質、力量ともに優れ、しかもチームワークを構築するのに相応しい人材ということになります。

ある日系の合弁家電メーカーでは、日本の地方工場から生産管理と財務のプロが派遣され、総経理は欧米の先進地域から直接中国に派遣されてきました。製造部長と財務部長の二人はハードな合弁交渉に携わり、ようやく会社設立に漕ぎつけたいわば戦友同士で仲もよかったのですが、総経理は海外事業運営経験が豊富ということで、合弁会社設立直前に派遣が決まり赴任してきました。そしてこの総経理が最初に取り組んだのは、自分のゴルフ会員権の購入と、その資金借入申込みでした。苦労をともにした二人の先遣者からみると本末転倒の動きにみえて総経理とは少し溝ができたようでした。

生産、販売が本格化するのに伴い、製品はどんどん売れるのですが、代金回収がうまくいかず、未収金がふくらむ一方で、人民元の運転資金借入需要も膨大になりました。まだ外資銀行の人民元業務が認められておらず、中国の国有商業銀行は国有企業優先の人民元貸付方針だったため、財務部長の苦労は大変なものでした。われわれも親しい国有商業銀行に保証を提供してサポートしましたが、売上増加＝未収金増加＝人民元借入拡大の悪循環です。

さすがの総経理もこれは大変だと気がついて、「代金回収は自分の責任だ」といって、掛売りの抑制方針を打ち出すと同時に、代金回収に自ら取り組み、中国全土の出張行脚が始まりました。その出張日程は、一軒でも多く回ろうとして、普通二泊三日は必要とする遠隔地も、一泊二日、しかも朝は早くから夜遅くまで必死で出張日程をこなしたということです。

総経理の率先垂範に日本側派遣者も中国側パートナーも総経理をみる眼がすっかり変わり、合弁会社全体に緊張感が出てきて、代金回収も少しずつ改善してきました。

その頃総経理にお会いするといつも、中国での販売活動のノウハウや代金回収のノウハウについて、経験に裏付けられた貴重な話をいくつもお聞きすることができるようになりました。同じ悩みを有する他社の駐在員や本部の方を紹介しても、いつも快く応対していただき経験を語ってくださいました。

製造部長や財務部長も、「うちの総経理のヤル気は本物、われわれも安心してついて行けるようになりました」と述懐するようになりました。会社業績も上向き、増設に次ぐ増設です。

やがて当該総経理は本社の役職定年に達しましたが、特別に定年延長で総経理を続けると同時に、他の事業部門の中国現地法人の管理も委託され、むしろ定年前より忙しくなったとボヤいておられました。

　数年の定年延長を経て先般帰国され、ようやく悠々自適の生活に入られたところです。

　私は、人間は五〇歳を過ぎても変われるということを知り、自分に対する戒めにすると同時に、トップマネジメントが本気になって率先垂範頑張ることで日本人同士や会社全体の団結やチームワークが築かれ、中国事業が好転する貴重な実例を学ぶことができました。

2 中国人職員のヤル気、能力をいかに引き出すかがポイント

(1) 共鳴できる経営理念の確立

　中国で現地法人を運営するとき、その活動を支え、力になるのはやはり圧倒的多数の中国人職員です。したがって中国人職員のヤル気と能力をどれだけ高められるかが、現地法人運営の最大のポイントです。

　中国人職員がヤル気を起こし、会社に対する忠誠心を高めるには、中国人職員にその会社の経営理念、経営方針、会社の製品や企業活動の社会的意義、中国経済・社会への貢献、これらをし

っかり芯でとらえて理解してもらうことが肝要です。そのためには、職員皆が共鳴できる経営理念を確立することが必要になってくるわけです。

たとえば、物流会社・運輸倉庫業を営む会社の場合、運輸倉庫業が果たす社会的貢献というのは世界各国共通のものがあると思います。財貨の偏在を輸送により調整し、地元ではつくれない物、手に入れることができない物が手に入るようなサービスの提供とか、合理化によるコストと時間の節約が商品コストの低減に寄与するといったことかと思います。

ところが、中国をはじめ東欧諸国や北朝鮮などの発展途上国では生産された食糧の三分の一は、保管や輸送のソフト、ハード両面の技術水準が低いために、産地や輸送途上や消費地の倉庫等で腐敗してしまうという現実があります。

したがって中国では、保管や輸送の近代化を進めることが、実は三〇％以上の食糧増産につながり、食糧自給率の向上に貢献するというふうに考えれば、運輸倉庫業で働く職員のマインドは著しく向上する道理です。

エネルギーに関連する企業の場合もほぼ同じ論法で、中国では省エネルギーが特別に重要な役割を担っていることを理解できれば、職員のヤル気と忠誠心はおおいに高まると思われます。

銀行はどうでしょうか。銀行が果たす役割、社会的貢献は、理念上は銀行ごとに大きな差はないと思います。そこで、一九九一年上海支店を開設した時、私は、中国の改革・開放路線に沿った企業活動をすることが、中国人職員の忠誠心向上に資すると考え、日本企業の中国進出サポート、進出後のトラブル処理の仕事に積極的に取り組み、ＯＪＴ（on the job training：仕事を通して訓練すること）で中国人職員のこの方面の知識とノウハウ修得に力を注ぎました。この点でわれわれの銀行自らが一九八〇年代から中国でいくつかの合弁事業に関与したことや、日中投資促進機構の設立に協力し、事務局にも運営の責任者を派遣し、企業の中国進出支援、中国進出にまつわるトラブル解決処理、中国の投資環境改善協力等に携わった経験とノウハウがおおいに役立っていることは間違いありません。

同時に日中投資促進機構の事務局運営に携わったおかげで、中国側パートナーである中日投資促進委員会（会長は現職の商務部長）の構成員である商務部、発展改革委員会、人民銀行、外貨管理局、税関総署、税務局等々の行政当局の幹部や、日本企業が数多く進出する沿海各都市の対外経済貿易関係行政当局との交流、コネクションが形成され、中国ビジネス展開上も大きな財産になっていることも付言しておきたいと思います。

上海支店開設以来勤務している職員の「われわれが日本企業を案内して工業開発区や担当行政機関を訪問すると皆大歓迎してくれるのでやりがいがあります。家族にも胸が張れます」という言葉を聞いた時は、わが意を得たりと思った次第です。

かかる経営理念を浸透する機会として、本社役員が訪中したときの中国人職員との懇談・会食が有効であることは論をまちません。

青島の海尓（ハイアール）本社工場見学の際懇談した人材本部長は、同行した日本の大手家電の人事部幹部から出された、優秀な人材の定着率向上の工夫についての質問に、「優秀な人材は引き止めても辞めようと思えば辞める、勤める企業の価値観＝経営理念に共鳴できる人は辞めない」と自社の経験則を披露していました。

このような経営理念を確立したうえで、能力や成果に対する納得のいく報酬制度構築、将来の生活の保障を確保できる人事政策や社内福利厚生制度構築、研修制度等による能力向上サポート体制構築が必要になるわけです。

(2) 能力や成果に対する納得のいく報酬制度

能力や成果に対する納得のいく報酬制度というのは、能力給や職能給の導入とこれを裏付ける人事考課制度の確立がポイントです。

長年中国経済の中心的役割を果たしてきた国有企業では、一生懸命働いても働かなくとも給料は同じ、待遇も同じという習慣がはびこっていたため、能力給、職能給は年輩の人には抵抗感が強い半面、若い人には納得の得られやすい概念です。しかし、人間は往々にして自分の評価が他人より低い場合、評価に対する疑念や不満を抱く傾向にありますので、評価基準は極力客観化、数値化する必要があります。

中国で約二〇年日本企業数社の工場建設、職員採用と訓練を手がけ、いずれの工場も操業が軌道に乗り黒字化あるいは黒字見通しが立ったところで次の工場建設・運営を担ってきた知人は、「就業規則や人事考課制度は、会社からは大方針を伝えるだけ、あとは職員の衆議でつくらせると、彼らは納得しやすい」といっています。建設、運営を手がけたいずれの会社でもこの手法を実践し、工場運営を比較的短期間（一～二年）で軌道に乗せてきた実績があるだけに傾聴に値します。

弊行上海支店立ち上げの頃、支店長秘書も含めて高校卒で国有企業で働いていた女性職員を複数採用しましたが、いずれも勤務態度が熱心で鍛え甲斐のある職員でした。彼女らは「国有企業では高校卒では先がみえていて上には昇格できない。外資系企業は一生懸命働けば必ず報われるといわれたので転職した」といっていたのが印象的でした。現在も課長に昇格して活躍中の人材もいます。

(3) 将来の生活の保障を確保できる人事政策や社内福利厚生制度構築

将来の生活の保障を確保できる人事政策や社内福利厚生制度構築というのは、まじめに勤め上げ能力を発揮すれば、五年後、一〇年後に自分がどういう処遇を受け、どういうポジションにつけるのか、その結果どのような経済的条件が確保できるのかが確信できる人事政策を全職員に開示することであり、日々安心して働くことができる健康保険、企業年金、住宅取得制度等社内福祉政策の充実がポイントです。

前段の人事政策についていえば、現地職員の登用、現地化をいかに積極的に推進するかということになります。現地化の成功事例については別に述べることにしたいと思いますが、「計画的」に「慎重」に、かつ「着実」に推進することだと思います。日本と中国の給与ベースの差はやむをえないとしても、現地職員の昇給、昇格と日本人のそれとは制度的に差をなくし、上限もなくし、資質と能力と熱意があれば、現地の最高責任者や日本本社のボード入りの可能性もあることが理想です。

現地職員の登用については日本人でもむずかしい万能の能力を求めがちですが――たとえば日本語ができる、忠誠心が高い、業務知識が豊富、人の和を大切にする、営業力・販路開拓力が優れている、行政との交渉力に長けている、人事管理、マネジメント能力に優れている等々――日本人で中国語ができて、しかもここに掲げたその他の能力も備わっている人がはたしているでしょうか。現地職員登用というと、どうしても過大な要求になりがちなので注意が必要です。勤務経験や、いまいるポジションに応じて必要な資質や能力が備わっているか、将来伸びる可能性があるか冷静に判断する必要があります。

また、可能性ありと判断して登用しても、やらせてみるとそれほどのこともなかったり、昇格で慢心して威張りだして鼻持ちならなくなったり、新しいミッションに応えられなかったり、他社から相当の処遇で引き抜かれることは、中国ではよくあることと覚悟しておくことも大事です。次の人材を見つけ出し育て上げるしかありません。しかし決してあきらめないことです。中国では一人の人間にあまりこだわらず、複数の人材をうまく競争させながら育て上げることも人材育成のポイントです。ある管理職ポストに中国人を据えたら、好成績をおさめたり期待はずれだったりいろいろあっても、後任者も中国人を据えるように後継者育成を心がけることは、大事な人事政策です。中国人職員は管理職ポストにだれがつくかに強い関心をもっています。

後段の社内福祉政策についていえば、中国はまだまだ発展途上国であり、健康保険、年金、住宅取得等いずれをとっても国の社会保障制度は整備途上にあります。ちなみに二〇〇六年からの第一一次五カ年計画でも、二〇一一年からスタートした第一二次五カ年計画でも、国家がこれらの公共福祉面に力を注ぐことが謳われています。

中国における社会保障制度ですが、まず社会保険としては養老保険、基本医療保険、労災保険、失業保険、出産保険の五つがあり、労働者と雇用者は労働法に基づいて、これらに加入する必要があります。社会保険料は労働者と雇用者の双方が負担します。料率は省市により異なりますが、各保険を合わせた負担額は、企業が賃金の約三〇％、労働者が賃金の約一〇％程度となっています。また福利厚生としては、住宅積立金、労働組合費、労働者福利奨励基金がありますが、住宅積立金は労働者、企業がともに賃金の五％以上を負担し、労働組合費は企業が賃金総額の二％を負担します。労働者福利奨励基金は、企業が税引後利益から董事会の定めた比率で積立てを行います。

これら現行制度のなかで養老保険はいわゆる退職後の年金に相当しますが、制度が本格的にスタートしたのが一九九六年と歴史が浅く、地域によって支給財源の規模が異なるため、巨額の資金不足やそれに伴う支給遅延といった問題が発生しています。また、若年層に国の社会保障制度に対する信頼感が薄いことも、制度定着の懸念要素となっています。

将来的には国の社会保障制度の充実に期待するにしても、現行の制度不備を補完するためには基本的には社内制度の充実、自社努力が福利厚生の柱となります。企業年金や住宅取得の制度構築はその財政的裏付けが最大の難関で、理想に走って永続性のない制度になっては、逆効果になりかねないのも事実で、事業の発展状況に応じて徐々に拡充する慎重さも必要です。

前にも述べましたが、中国では条件を緩めるのはいつでもできますが、緩めた条件を諦めるのは至難の業ということも、肝に銘じていただきたいと思います。

(4) 研修制度による能力向上サポート体制構築

研修制度による能力向上サポート体制構築では、日系企業の場合、日本での研修が効果が大きいことはいうまでもありません。中国人が外資系企業に勤める動機はいろいろあると思いますが、多くの人は中国の国有企業では学べない業務知識を身につけ、将来のための（その会社で長期にわたって勤め続けるつもりでも、時期をみて転職するつもりでも）キャリアメイクを積み重ねたいという願望はとりわけ強いものがあります。

したがって外国である日本に行って研修することは、彼らの就職の一つの大きな目標といってもよいでしょう。

よく日本で研修して戻ってきたら最低五年間以上は働いてもらいたい、そのための転職防止策は何かということが話題になりますが、有効な対策は見当たりません。

研修前の誓約書（約束に反して転職する場合、研修費用の返却を義務づける例が多い）は、本人が転職しようと思えば転職先に研修費用の返却を条件とする例が多く、ほとんど転職防止の牽制にはならないからです。

やはり定着率の基本は経営理念の共有を図るということではないでしょうか。

また、日本で研修したことを、中国の職場に戻ってから同僚や部下に伝授することを期待することはまず無理です。なぜなら、自分が得た知識を他人に伝授すれば、他人の知識レベルが上がり、自分の価値が相対的に低下することになるからです。ある意味で中国人の物の考え方は実に合理的です。私はこの現象を「知識、資料、技術の私物化」と呼んでいます。あるいは前にも述べた「中国人は自分主義」の典型例かもしれません。

したがって広範な職員に高いレベルの業務知識や技量を身につけてもらうには、可能な限りたくさんの職員に日本研修のチャンスを与えることであり、皆が希望をもてるように日本研修が受けられる客観的条件を公開することだと思います。

自社の現地化が進んでいる欧米・アジア等の海外拠点の視察や研修も、自分の将来像がみえて、仕事の励みになる、あるいは定着率向上につながるよい方法だと思います。

(5) 引き抜き、転職は日常茶飯事

中国人職員のヤル気、能力を引き出す、ひいては定着率を向上させるための工夫のあれこれを述べてきましたが、それでもなお中国では引き抜きや転職は日常茶飯事であることも認めざるをえない現実です。

昨日よりも今日、今日よりも明日、昨年よりも今年、今年よりも来年、よりよい経済的条件を求めて転職の機会をうかがっているといっても過言ではありません。

中国現地法人責任者が経験上からいう離職率は大ざっぱに二〇%、一五%ならましなほうともいわれています。したがって一般的水準の職員が五年も働き続ければ離職してもやむなしとある程度割り切り、本社にも理解してもらうことが必要です。

しかし、できれば働き続けてほしい、将来は現地法人の高級幹部の有力な候補と思われる人材については、思いきった高給（たとえば世間相場の二〜三倍）や肩書、待遇を与えて流出を防ぐ対策が必要だと思います。基本は定着率向上のための日頃の人事政策、人事管理の工夫が大事です。

また、中国人がいったん会社を辞めるといったら引き止めはなかなか困難です。転職先とは、引き止められて提示されると思われる改善条件を相当上回る条件を交渉で確保してから、退職を申し出るからです。転職後の雇用条件は現在の条件よりもかなりよいはずですから早く転職したいということで、退職時期は相当急な場合が多いようです。そのうえ中国では、「好馬不吃回頭草」（よい馬は一回食べた道の草を食べることはしない——賢い人は常に前を向いて進み、過ぎたことには未練を残さない）ということわざもあって、いったん辞めるといって翻意して会社にとどまると、中国人の間では、「あいつは好馬ではない」ということになるらしく、この意味でも一般的には引き止めはむずかしいようです。

ただし、弊行中国現地法人で働く入社一〇余年の課長や大学新卒入社七年目の中堅幹部から転職の相談を受け、思いとどまらせることに成功した経験もあります。

二人とも職場も相談時期も異なりますが、いずれも転職先の会社から提示された給与は弊行の一・七～一・八倍で、入社予約のサインもすんでいました。関係する上司も総出で説得にあたり、あらためて弊行の経営理念を理解してもらうと同時に、希望する職種につけるよう支援することを示唆して引き止めることができました。日頃の仕事を通じての相互信頼があれば、転職を防ぐことができるということでもあります。

いずれにせよ多くの場合、中国人の自分の意思による退職申出は突然で意思は固いので、その後任対策を至急立てなければなりません。中国では普段からある程度余裕のある人員配置もやむをえないのではないかと思います。

本社サイドでもこのあたりの中国の雇用事情、人員計画には理解を示していただきたいと思うわけです。

(6) キックバックは日常茶飯事

中国現地法人運営について、ぜひ念頭に置いていただきたい中国社会、中国人の習慣がります。それはキックバックです。

資材調達、物品購入、印刷発注等物の売買にはつきものといっても過言ではありません。購入

（発注）側は納入業者に平気で水増し請求を指示します。納入業者も慣れたもので一〇～二〇％の水増しした請求書を提示します。

会計係は請求書の金額を支払います。納入業者は受取金額の領収書を発行します。これで伝票上の処理は金額の矛盾なく完結します。後日、水増し金額の半分は購買部門に還流し、プールされます。国有企業の場合、このプール金は後日、給料補てんのため、職員に分配されます。外資との合弁企業の場合、中国側パートナーに行き渡り、やはり後日、中国側職員に分配されるケースが多いと思われます。購買担当者が個人的に横領するケースは少ないようです。なぜなら、中国人の間では分配金の多少には大変敏感で、少なすぎると必ず詮索されてしまうからだと思います。

ある大手商社上海事務所の会計担当の女性が地方の管轄事務所から上がってきた複写機二台の購入伝票をチェックしていた時、日本人の所長に対して「この購入伝票の金額はおかしい」と訴えました。所長の指示で当該地方事務所まで出向いて調べたところ、複写機の購入金額は大胆にも三割近く水増しされていたことが判明し、当地の対外服務公司（人材派遣会社）からの派遣社員を解雇すると同時に、対外服務公司からは損害金を弁償してもらったということを聞きました。

当の所長いわく、「伝票をみただけでは日本人にはわかりません。中国人の職業的勘が物をいいました」と述懐しておられました。

個人所得税、火災保険料、銀行利息、外為手数料等々、これらはいずれもキックバックの対象になりうるものです。

個人所得税は所得を支給する会社や機関が源泉徴収のうえ、管轄税務局に納付します。一九九一年九月、われわれの銀行の上海支店開設後最初の個人所得税を納付して帰ってきた女性の会計から「支店長、この還付金をどう処理したらよいでしょうか」と尋ねられました。私は事情がわからず「何の還付金か」と尋ねると、「個人所得税を納付すると、窓口で一％還付されることになっています」といわれ、私が「いつからか」と聞くと「昔からの習慣です」というのです。われわれは駐在員事務所を開いてすでに九年経っていましたが、うかつにもまったく知らなかったわけです。支店を開設して仕事に忠実で正直な会計担当のおかげで、還付金の存在を知りました（当該会計担当は少数民族の満州族の女性で、数年後銀行を退職し、現在は会計士の資格を取得し立派に自立しています）。

一九九四年に改正された個人所得税法では徴収方法が源泉徴収に変わり、第一一条には、源泉徴収の手数料として、二％を事業主に還付すると規定されています。私の推測は、改正前の窓口での還付率も二％であったものの、実は税務局の窓口が一％を差し引いてピンハネしていたのではないかと思っています。事ほどさように中国ではピンハネやキックバックが横行しているということではないでしょうか。

火災保険料はもともと一・五％程度のキックバックは常識で、最近は保険業界の過当競争でキックバックも五％が普通の水準といわれています。

銀行の貸出利率も、人民銀行の期間対応の標準利率プラスマイナス一〇％までは銀行の支店長の裁量で決めることができ、ここにもキックバックが発生する余地があるようです。

銀行の営業で外為取扱いを申し出るとき、「弊行は安全、確実、手数料も他行に負けないくらい優遇させていただきます」とセールストークを述べると、相手の経理担当者からは、「手数料水準は他行並みでかまわない、いくら戻してもらえるのかがポイント」とキックバックを要求される始末です。

中国で仕事をする限り、このような中国社会の習慣を一概に無視するわけにはいきません。また、自社の社員がキックバックを要求するのを全面禁止したところでなくなるわけでもなく、逆に仕事に対するインセンティブがなくなりヤル気がそがれてしまいかねません。しかも中国人皆がこういう習慣に染まっているわけでもありません。忠誠心の高い人間はこのような習慣には無縁です。要は、われわれマネージャーが、そのような習慣はよく知っていてある程度は眼をつぶっていることを知らしめることではないでしょうか。

時にやりすぎる場合に厳しくチェックできるかどうかが、マネジメントのポイントだと思います。理想は、このような習慣は少なくとも自分の会社では全面禁止となる社風を確立することであり、そのためには職員の忠誠心＝ロイヤルティーをいかに高めるかだと思います。

キックバックに限らず、中国では金銭の授受に係る異常を発見する方法の一つに、統計があります。長期間継続的に統計をとり、その数値の変動要因あるいは不変動要因を分析すると、異常な取引を発見することができます。購入先の担当者変更や自社の購買担当者変更は数値が動く一つの契機になり、異常発見の契機にもなります。

食品、食料関係の会社であれば、原料仕入れにしても製品販売にしても季節変動があるのが一般的です。ところが原料仕入れと製品卸売にかかわるある地元の国内商社の扱い金額が一年を通じてほぼ毎月同じであることに疑問を感じた合弁食品会社の日本人総経理が、当該商社と自社の関係を調べたところ、当該商社は自社の労働組合のダミー会社で相当のコミッションが落とされていたということが判明しました。

中国では事あるごとに行政機関や公的機関（電力会社、電話局、ガス会社等公共事業会社が多い）から、寄附金や費用負担（一般に「乱収費」といわれている税金以外の金銭徴収）の請求が多く、経理担当の中国人職員はお上からの要求には弱く、支払ってしまってから上司に事後報告するケースが後を絶ちません。支払ってしまったお金を取り戻すことは、まず不可能です。金銭支払の厳格な決裁基準をあらかじめきちんと制定することが大事です。

以上述べてきましたとおり、中国では金銭のやりとりに関しては、とかくトラブルが発生しやすい風土にあることは現実として受け止めざるをえません。

中国での合弁で人事・総務と経理部門のどちらを確保すべきかといえば、経理をとるべきと考えるゆえんでもあります。

3 中国における金銭トラブル

経済活動の基本は手に入れた商品の代金や恩恵を受けたサービスの対価をきちんと約束どおり支払うことだと思うのですが、世の中にはいろいろな人がいて、この基本的ルールが守られない事象はたくさんあります。隣の中国も例外ではありません。ここでは中国駐在員が遭遇する金銭トラブルの実体について触れてみたいと思います。

(1) 売上代金回収問題

中国が改革・開放政策をスタートさせて三三年、この間のGDP平均成長率は九%を超え、二〇一〇年のGDP規模はついに日本を抜いて世界第二位のGDP大国になりました。人口大国中国は一人当りGDPはいまだ四三八二ドル、世界ランキングは一〇〇位前後ではありますが、上海市の一人当りGDPは一万六〇〇〇ドルを突破するなど、沿海部は六〇〇〇ドルを超え、すでに現在のタイ（五〇〇〇ドル）とマレーシア（八四〇〇ドル）の中間に位置するレベルに近づこうとしており、この沿海部には約六億人が居住しています。中国は、安い豊富な労働力を生かした生産拠点としてだけでなく、大きな可能性を有するマーケットとして存在感が高まってきております。日本企業の中国進出の目的も、近年は国内販売型が圧倒的に多くなってきています。ここに立ちはだかっている障害の一つが売上代金回収問題です。

二桁近い経済成長の中国では、よい商品をつくればどんどん売れます。しかし代金回収対策抜きの営業拡大の行き先は未回収債権＝不良債権の山です。

日中投資促進機構が一九九八年一〇月～一九九九年三月にかけて、この問題に取り組み、一九九九年三月、「中国の国内販売・営業に係わる債権回収問題に関する調査報告書」（全五五頁）をまとめております。ヒアリングを行った本社管理担当部門責任者、現地法人責任者は一〇〇名を超え、皆さんそれぞれ商品の種類、斯業界の販売習慣等々に応じていろいろな工夫を凝らしておられますが、ヒアリングした全社・全員が代金回収問題に悩んでおられました。対策は異口同音、「キャッシュ・オン・デリバリー」（現金決済方式）の一言でした。

報告書第八章では、日本人の弁護士による「債権者の保護、債権回収の促進という観点から中国において導入することが期待される制度、法規定――立法的提言として」と題する提言を行っております。これらをふまえて、その後の日中投資促進機構と中日投資促進委員会との合同会議や事務局会議でも、中国側との議論を試みましたが、いずれも不発に終わりました。中国側いわく、「この問題は売買当事者間の個別具体的すぎる問題ですから……」。日中両組織はそれまでも個別具体的問題をいくらでも議論しているわけですから、日本側は、「この問題は中国では相当広範で根深い問題で、一朝一夕には解決のメドは立ちにくい」と推測せざるをえませんでした。あの辣腕家の朱鎔基氏でさえ副首相に就任して「三角債」（売上代金未回収債権の代名詞）撲滅に取り組みながら根絶できなかったほどの難問中の難問ではあります。以下に個別の創意工夫の事例をご紹介します。

a　OA機器メーカーC社――販売はキャッシュ・オン・デリバリー（COD）

米国・カナダを経験してはじめて中国総代表として北京駐在となったA氏は、中国ビジネスの留意点について、実に熱心に勉強されました。私も北京に呼ばれて二度七時間勉強会を行いました（次々と質問が出て前に進まないくらい熱心でした）。北京に赴任してまもなく本社執行役員に就任、最近四年半の中国駐在を終え、米国現地法人の社長に就かれた将来を嘱望される有力者です。ニューヨーク赴任前の北京での送別会でのA氏の思い出話です。

「勉強会で印象深かったのは売上代金回収問題の実態についてです。それまで自分も米国・カナダでこの問題について苦労させられましたが、中国のそれは相当深刻だと直感し、本社社長報告の時に、『中国ではキャッシュ・オン・デリバリーでやります』と申し上げたところ、社長から『それじゃあ物は売れないじゃないか。でもとにかく自分の思うとおりやってみなさい』といわれました。二～三年経っていろいろ中国事情にも精通し営業の現場のこともわかってきて、販売先によって掛売りをしても大丈夫と思っていた矢先、社長から『キャッシュ・オン・デリバリーは守っているだろうね』と釘をさされてしまいました。いまでも現金決済です」

b　AV機器メーカーS社――営業マニュアル見直し、毎月教育、新規取引はすべて現金決済

中国総代表で北京駐在十数年のS氏から「わが社もようやく売上代金回収問題の目鼻がついてきた」と伺ったのは駐在後数年を経てからのことです。S氏の述懐です。

「販売担当者向けのマニュアルを見直し、会社収益にとって代金回収がいかに重要かを徹底して教育しています。しかも毎月勉強会を行っています。勉強会をやめると意識が下がってしまいます。新規販売取引は、一件の例外もなく現金決済を堅持しています」

c　家電メーカーH社――総経理が率先垂範代金回収行脚

当該総経理の活動ぶりは本章第1節の⑵「派遣日本人の団結、チームワークはすべてに優先する心構え」ですでにご紹介しておりますが、代金回収問題は、現地法人の総経理＝トップ自らが取り組むべき経営課題であるということです。トップが率先垂範、この問題に取り組むことによ

って会社全体に緊張感が生まれ、この問題の重要性が関係部門全員に認識されるということです。

前記ＯＡ機器メーカーＣ社の本社社長といえば財界でも著名な方ですが、二〜三年前の現地法人総経理のキャッシュ・オン・デリバリー方針をしっかり記憶していて、なおかつタイミングをみてこれを確認していることからも、事の重要性はご認識いただけると思います。

d　飲料メーカーＳ社――代金は一〇〇％前金

某沿海大都市で数年でシェア四〇％台を確保し、現在さらに周辺地区に営業テリトリーを拡大中のＳ社は、実質一〇〇％前金制を堅持しています。市内を数十の販売地区に分け、各地区一販売店を定め、条件として一〇〇％前金制を導入しています。注文が入ると取引銀行に預金残高を確認する仕組みをつくっているということです。もちろんこれが可能な条件は当社製品が仕入れても短時間で売りさばけるということです。当社は、商品の味覚、値段設定、広告宣伝等の面で、長年にわたる中国事業の経験を生かし他社を上回るノウハウを有し、これを実行する中国人幹部を積極的に活用しているということです。

e　大衆食品メーカーＮ社――販売営業は男性、回収は女性が担当

国有企業の経理部門は圧倒的に女性が多く（中国人男性は一般的に経理の細かい数字の扱いが苦手だそうです）、代金取立てに営業の男性が出向いても言い負かされるケースが多いという経験則

から、回収の仕事を女性に分担させたところ回収率が高まったという嘘のような本当の話です。

f　厨房用品メーカーR社――営業成績（歩合制）を売上高ベースから回収高ベースに変更

当社は某沿海大都市で十数年の経験を有し、販売シェアは長年トップを維持しています。開業以来総経理を務めるS氏は、販売が好調でも、代金回収がスムーズでないと運転資金借入れの増嵩をきたし、収益圧迫要因となるため、販売員の歩合給部分について、売上高ベースを回収高ベースに変更しました。翌月回収で正常、一カ月回収が遅れると商品一台につき二元を、二カ月回収が遅れると一台につき四元を給料から差し引くことにしました。一台当りの金額はわずかですが、腕のいいセールスマンは毎月一〇〇台単位の成績をあげるため、回収が遅れると給料の何割かが差し引かれることになるので、代金回収がおおいに向上しているということです。

g　その他――商品引渡しの確認サイン

売買契約書の商品引渡しの成立条件は「総経理のサイン」とあり、長年これが遵守されてきたのですが、大口発注で商品を届けたところ珍しく総経理が不在で、いつも総経理と一緒に立ち会っていた若手担当者のサインですませたところ、購入者に「商品が届けられていない」と開き直られ代金未回収となった事例があります。もちろんサイン者の若手担当者は計画的に会社を退社していました。この事例は自社の運送部門担当者に対する教育不徹底が主因ではありますが、契約内容はどんな事情があっても正確にかつ厳密に履行すべきことを教えています。

商品受渡しにからむトラブル、これに伴う代金未回収が多いので注意が必要です。

中国人のメンツを重んずる性格に着目して、総経理の社用車を押収したり、販売先の商品現物を押収する事例、裸で煙突や屋根に登り、支払を終えるまで降りない作戦など、売上代金回収にまつわるエピソードは数限りなくあります。物が豊かになった現在では押収した商品現物がさばけなくて、その保管に苦しめられている例も聞きます。

売上代金を支払わない会社の総経理が趣味で飼っていたトラを地元の動物園に売りつけたものの、あまりに痩せていて大したお金にならなかったという笑い話もあります。

(2) 乱収費

中国での典型的な金銭トラブルに「乱収費」問題があります。乱収費は中国語ですが、読んで字のごとし、むやみやたらに徴収する費用、すなわち国や地方政府が税金以外の名目で外資企業に請求する費用項目を指します。一九九八年四月「外資企業への勝手な集金（「乱収費」）の禁止に関する通知」公布で、環境は好転したといわれておりますが、なお後を絶ちません。

水不足地帯での「水利建設基金」（売上げの一～二％徴収）、全国各地の地方政府が流通税――増値税、営業税、消費税――納付額の一～一一％を徴収する「教育費付加」、上海市が一九九八年二月、市内外資系ホテルに、全売上高の一・五％の納付を命じた「旅遊発展付加」などがあります。「旅遊発展付加」は、日系ホテル一社当り一億円前後の高額乱収費です。

ある内陸大都市の水利建設基金は、日中投資促進機構が当局と交渉して一九九九年に撤回させた実績があります。また上海市の旅遊発展付加も、上海市内の日系ホテルが、一九九九年七月日中投資促進機構が主催した北京での第八回投資経験交流会で不当性を訴えたところ、国家経済貿易委員会（当時）が「明らかに乱収費」として、数カ月後に撤回した事例があります。もし今後皆さんの現地法人でかかる乱収費問題が発生した場合は、日中投資促進機構にご相談されることをおすすめします。

(3) その他の金銭トラブル

a　悪質ブローカーの「工作費」

第1章第8節の華僑ブローカーの項で説明したとおり、この種の工作費は不要です。もしどうしても事のいきがかり上出さざるをえない場合は、その使途がコンプライアンス上問題ないことの確認が必要なことはいうまでもありません。社会常識的な招宴、手みやげ、まじめな視察旅行、日本への招待旅行、セミナーやシンポジウム開催等々でしょうか。

b　アンダーテーブル

講演会などでは時々質問があります。結論をいえば行政府に対しては絶対にやめていただきたい事柄です。現在の中国では法律や規定に従って手続きを進めれば、たいていのプロジェクトは、国の外資政策や産業政策の方向性にあっている限り批准されます。

c　行政機関接待

よく税関や税務署と親しくなるために彼らを招宴することについて質問を受けますが、現在はかかる官民癒着と誤解されやすい招宴には行政府のほうから断られることが多いようです。そのかわり常日頃の行政指導の御礼として毎年創立記念日とか、春節前の新年会に各方面の行政府の方々を一緒に、またはグループに分けて招宴するのは、中国の社会習慣の常識の範囲内であれば特段問題はないのではないかと思います。ただし、事業免許制の業種では、免許交付を行う行政府はいかなる招宴も断るというところもあるやに聞いておりますので、コンプライアンス上の問題について顧問弁護士に確認することをおすすめします。当該業種に関するセミナーや討論会にお呼びして、時間繰りを工夫して昼食や夕食に招くなどの余地はあると思います。

d　労組や経営トップ一族のダミー会社

労組（中国語で「工会」）や合弁パートナーの民営企業の経営者の一族がモノやカネの流れるところにダミー会社を設置し、コミッションをピンハネするケースもありますので油断はできません。運送会社や資材納入会社、販売代理店等々です。これらが発覚するきっかけは、仲間割れによる密告や、経営管理資料の統計数字の精査や定期的チェックが大半です。日頃から経営管理資料の整備が必要です。四半期ごとの資料整備は不正防止にも有効です。

また、経験のある弁護士の話によると、総務や購買担当者と資材納入会社の癒着によるキックバック等の不祥事は後を絶たないようです。定期的人事異動や複数担当制による相互牽制などの工夫が必要です。

私自身は、これらの問題の大半は経営理念の共有と忠誠心の涵養すなわち人事・労務管理の工夫によって未然に防げる可能性が大であると考えております。ただし、世の中にはさまざまな人間がいますので、これですべて解決というわけにはいきませんが、すべての基本だと考えております。

4 中国人職員との普段のコミュニケーションが大事

(1) 中国語を修得する

中国で仕事をする場合、中国語が話せることは大事なポイントであることはいうまでもありません。しかし英語と違って学生時代に身に触れることが少ないマイナーな外国語であり、中国駐在を命ぜられて、急いで日本にいる間に基本だけを詰め込まれるケースが多いと思います。やむをえないことです。大事なことは、少しでも中国語を身につけて、中国人職員とのコミュニケーションをもとうとする心構えではないかと思います。

中国語は発音や声調（普通語は四声、広東語は九声など）がとても厳格、精密な言葉だと思いますので、発音の基礎はしっかり覚えておくべきだと思います。駐在して日常いつも中国語に触れて中国語を物にしようとする意欲があれば、半年から一年の間には片言の日常会話が通じるようになって、むしろ中国人との会話が楽しくなってきます。

標準語と方言どちらを覚えるべきか、皆さんが悩まれる選択です。

もし赴任地が決まっていて初めて中国語を覚えるのであれば、思い切って赴任地の方言を覚えるのは実益があります。というのは、中国人は皆ふるさと自慢の人たちで、自分の土地がいちばんよいと思っています。したがって、これから一緒に仕事をする外国人が自分たちの方言を覚えようとしていると知ったら、いっぺんに親近感を覚えること請け合いです。

私の場合、初めての赴任地が上海でしたが、標準語を聞きかじった者にとって上海語が難解だったことと、いずれ首都北京で働くこともあろうと思って標準語を覚えるのに精を出しました。二度目の赴任も上海で、しかも上海は浦東開発が始動し、中国の経済活動の中心になるのは間違いないという雰囲気でした。最初から上海語の修得に力を入れておくべきだったと反省しても、年齢もいっていて後の祭りでした。上海支店時代、復旦大学に留学して少し上海語が話せる日本人部下がいましたが、中国人職員との会話が実に和やかだったのは、当人の人柄だけでなく、彼の上海語もおおいにあずかって力があったと思います。

(2) 気配り、気働き――地味な部署で頑張っている人に手厚く

中国人との信頼関係の構築には気配り、気働きが大事なことはすでに述べましたが、とりわけ同じ釜の飯を食う間柄の駐在員は、運転手、守衛のおじさん、使送のおばさん、給仕のおばさん、掃除のおばさん等地味な部署で頑張っている人たちへの目配りは欠かせません。お菓子を配るときも必ず人数に入れるとか、職員の誕生会にも必ずカウントするとか、社員旅行や新年会、会社の周年行事にも必ず参加を呼びかけることです。

実は人口大国中国では、こういう人の親戚に中央官庁のとんでもない偉い人や市政府のお偉方がいたりするケースがよくあります。冠婚葬祭のときにはいろいろな会話が飛び交うなかで、外資系企業やその経営者の評価などは格好の話題になります。

そのような場所でよくいわれるか、悪くいわれるかは大きな差になります。日頃からの接し方がいかに大事かということだと思います。

一つご留意いただきたいことは、運転手は立派な技術者だということ（中国ではトラックの運

転手は荷物の積み下ろしはしない）、中国で仕事をする以上車での移動は不可避ですので、運転手が駐在員やその家族の生命の安全を担っているということをよくご認識いただきたいということです。

したがって運転手とのコミュニケーション、良好な関係構築は駐在員の大事な心構えです。さらに、運転手は大変な情報通です。中央要人が地方視察するときの中央要人の名前（事前には公表されないことが多い）や本当の宿舎を知っているのは実は運転手という事例はたくさんあります。

中国では地方によって身体障害者雇用を外資系企業に義務づけています。従業員総数で人数が割り当てられます。大部分の外資系企業は所定の費用を支払って雇用を回避していますが、むしろ積極的に身体障害者を雇用し、相応しい部署に配属することも検討すべきだと思います。玄関の受付、使送や給仕あるいは訓練で技術を教えて根気のいる作業に携わらせている例等がありま す。中国の行政機関から高い評価を得て社会的存在感が高まったり、自社の職員から「自分の会社は国有企業に負けないくらい社会貢献をしている」と誇りに思われ、社員の忠誠心の高揚に役立つことになります。

第5章第2節の(3)「余暇の過ごし方」でも触れましたが、大手ＯＡ機器メーカーの中国総代表も務めた長年の知人は、休暇を利用して自費で米国に行き盲導犬訓練士の国際資格をとり、第二の人生に備えています。自社の受付には軽度の身体障害者の女性を配属しています。いつ訪問しても明るい笑顔で応対してくれるのが印象的です。

この知人は万事人に親切で面倒見がよいのが身上です。

二〇年前の自社初めての中国プロジェクトである大連工場の採用試験の模様を、某都市銀行の社内報で紹介した文章に、「東北地方の農村から出てきて不合格になった青年が、いつまでも会場を離れず一人残っていたのがいまも忘れられない」と書いています。

中国の行政機関からも頼りにされ、日本商工クラブの仕事で商務部を訪問しても相当の高官との面談が実現するといった具合で、仕事の面でもうまく回っている好事例です。

(3) 人事管理、労務管理の要諦は「太陽政策」

中国現地法人運営のポイントは、圧倒的多数の中国人職員のヤル気と能力をいかに最大限引き出すか、そのためには、日本人と中国人職員が共有できる経営理念を確立することであることはすでに述べたとおりですが、その経営理念の浸透と徹底を図るには、人事管理、労務管理をいかにうまく行うかだと思います。

人事管理、労務管理の専門的技術的問題は専門家にお任せするとして、その運営の要諦は「太陽政策」すなわちイソップ物語の「北風と太陽」の太陽の考え方だと思います。旅人の外套を脱がせるのに、北風は強い風を当てるのですが、風が強くなるほどに旅人は外套をしっかり羽織って離さない、しかし、太陽がポカポカと光を当てると旅人は暑くなって自分で外套を脱いでしまうという寓話です。

一九四九年の革命後、長年にわたって資本主義諸外国との交流を基本的に遮断してきた中国にとって、対外開放による外国文化との接触は、みる物聞く物すべてが驚きと戸惑いの連続であったことは間違いありません。

弊行のある長老は「中国との経済交流には啓蒙の精神が欠かせない。一九七〇年代交流の初期の頃に、金利の概念を理解してもらうのに時間を要した、次に貸付金の返済原資すなわち減価償却費を理解してもらうのに苦労した」と述懐しておりました。

有人宇宙衛星を打ち上げる中国は、ある面で日本よりもはるかに進んだ科学技術先進国かもしれませんが、それはまだ国民の一部分であって、大多数の国民のレベルは発展途上国だと思います（ただし、前にも述べましたように中国人の資質は優秀ですから、ひとたび物事の本質を理解すると、後はどんどん理解の幅が広がり、応用範囲も広くなり、われわれの水準をはるかにしのぐことは、現在の中国の経済発展状況が証明しています）。

したがって中国人との接触に際しては基本的には親切丁寧な対応を心がけるべきだと思います。ここでも日本からの派遣人材の要件「さんま」とりわけ「まめで我慢強い」点が生きてくるわけです。

　また合弁会社のトラブルでよく耳にするのは（弊行が関与している合弁会社の経験でもありますが）、中国側パートナーとの意思疎通、コミュニケーションのギャップによる相互不信です。この問題も、一方的に日本的やり方を押し付けるのではなく、相手や中国人社会の習慣にも配慮し、粘り強く意思疎通を図ることで解決する事例はたくさんあります。

　つまり相互理解の基本も、普段から「太陽の心」「啓蒙の精神」そして「さんまの心構え」でコミュニケーションに努めるということだと思います。

第7章

中国進出成功事例に学ぶ

ここまで、主として対中投資の留意事項や中国駐在の心構えなど、いろいろ注意すべき事項について述べてまいりました。海外進出というのは日本とは異なる経営環境下の仕事ですから、どの国に進出するにせよ注意すべき事柄が多いのは当然のことですが、とりわけ社会主義市場経済を標榜する中国は、国家体制、社会制度、経済活動の仕組み等すべての面で自由主義経済の日本とは異質であることは論をまちません。

かかる中国において、二〇年以上の長きにわたり合弁事業あるいは独資事業を運営してきて、いまでは中国企業として経営基盤を確立し、日本の本社業績にも中国社会にも大きく貢献している、いわば対中投資の成功事例を三社ご紹介したいと思います。

はじめに、三社の成功要因の共通点をまとめておきたいと思います。

① いずれも中国事業は創業二〇年を超えているが、当初はさまざまな困難に遭遇し、これを「絶対に成功させる」という技術者魂、事業家魂の執念で工夫を凝らして乗り切っている。

② 日本側関係者が、長年の経験を通して中国人の優秀性をよく認識している。

③ 日本側関係者が、気配り、気働き、コミュニケーションを心がけ、中国人との相互信頼を構築している。

④「事業は人なり」を実践し、人材育成と技術の向上・集積に努め、現地化を実現している。

⑤ 人材と技術を駆使して、事業運営は改善・改革の連続、一カ所にとどまることはない。顧客

のニーズ、時代の要請に迅速に対応して、絶えず変革を目指している。
⑥　教育や人事考課は厳格で、「信賞必罰」「能力主義」を追求している。
⑦　他の成功事例にも必ず例外なくみられる特徴だが、信頼の置ける忠誠心の高い中国人幹部が存在する。

サッポロビール―高智明総経理
福岡ニット―史丹霞工場長（最近副総経理に昇格）
森松工業―西松江英総経理

⑧　本文では詳細を紹介していないが、社歴が長く優良納税企業でもある各社は、地元政府のトップや行政機関との関係も良好で、事業運営上の困難に遭遇しても、行政からの支援を得られやすい関係が構築できている。

以上の各点はいわば事業経営の基本であって、これさえ極めれば成功するという単純なものでないことはいうまでもありません。しかし、これらの配慮や工夫なしで、従業員の昇給、昇格等形式上のプロモーションだけを追求しても、中国事業は決して成功しないか、あるいは長続きしないということだと思います。

1 新疆三宝楽農業科技開発有限公司（新疆ウイグル自治区ウルムチ市）（旧社名：新疆阜北三宝楽啤酒花有限公司）

新疆ウイグル自治区省都ウルムチの北東七〇キロメートルの天山山脈北麓、ジュンガル盆地の南端、通称阜北農場に、サッポロビールの日中合弁「新疆三宝楽農業科技開発有限公司」のホップ栽培農場があります。

私がこの合弁会社を知ったのは、日中投資促進機構事務局長時代の二〇〇〇年八月、西部大開発計画への協力検討の一環として新疆ウイグル自治区および甘粛省を視察した折、新疆経貿庁との面談の際に日系企業視察を希望したところ、当社に案内されたのがきっかけでした。

当農場はウルムチ市内から車で一時間半のところにあります。市内を出て三〇分は新設の高速道路を快適に進みますが、途中から高速道路を降りると、阜北農場まで数十キロメートル、草木が所々しか生えていない荒野のデコボコ道を、マイクロバスの天井に何度も頭をぶつけながら一時間以上走ってようやく到着します。現在は立派な舗装道路が完成していて発電所やいくつかの工場も建っているということです。この阜北農場は、人口約一万三〇〇〇人、総面積二万ヘクタール、既耕作地七〇〇〇ヘクタールの巨大な農村工場です。

農場内中央部の一角に当社の事務所棟があり、隣接してホップのペレット加工場と一面のホップ畑が続いています。

現地訪問した際に中国人総経理高智明さんの説明を聞きました。冬は氷点下二〇~三〇度まで気温が下がる荒野に囲まれた現地の生活環境はきわめて厳しく、これまで日本をはじめ世界のビール会社やホップ会社が視察に来ては二度と来ることがなかった辺境の地に、根を張り腰を据え十数年間奮闘してきた、日本側事業責任者の梅田勝彦副董事長（本社理事、後に執行役員アグリ事業部長）に対する厚い信頼を感じ取ることができ、大変印象深いものがありました。

梅田氏には、当該合弁事業の経験を「日中投資促進機構ニュース」の別冊（対中投資事例紹介シリーズ一四号）に寄稿していただいたり、インタビューを通じて、中国での合弁事業成功のヒントを数多く教えていただくことができました。

ビールに爽快な苦味と香りを付与するホップは、比較的冷涼な気候を好み、世界三〇カ国で栽培されていますが、経済性や品質の関係から、米国、ドイツ、チェコ、中国、ポーランド、スロベニア等に集中しています。世界の栽培面積は五・二万ヘクタール、年産一〇万トンで、収穫量・価格ともに天候に左右され乱高下しやすい性質があります。

日本のホップ栽培は、明治時代から北海道で始まっており、第一次、第二次世界大戦を挟み幾多の変遷を経て、昭和四〇年代前半には国産自給率は八〇%に達したものの、高度成長に伴う農業人口の流出とホップ栽培面積の減少、オイルショックと円高による方針転換（国産ホップ振興から輸入品依存へ）などがあり、現在国産自給率は数%、年産量は四〇〇トン前後まで低下しています。

日本のビール各社は欧米のホップディーラーとの間で数量と価格の長期契約を結び、ホップを購入していますが、気象変動等により必要量が確保されず、在庫等により対処せざるをえないこともあり、限定された地域からの購入を続けている限り根本的解決にはならない状況です。

サッポロビールが新疆ウイグル自治区進出を計画した背景には、以上のようなホップの国際市場の状況と、当社が日本では北海道に自前の研究所を有し、当時、育種の専門家を擁して原料ホップの試験品種を研究開発し、栽培生産を行っている唯一のビールメーカーであったという二つの事情がありました。

一九八五年、梅田氏はアロマホップ栽培適地を中国に求めて初めて調査に入り、日本の商社がワイン用葡萄栽培の試作をしているウルムチ南東二七〇キロメートルの場所で試験栽培を始めたものの、強風や塩害で断念せざるをえなかったり、次に紹介された新疆政府軽工業庁傘下の商社との合弁も、調印式出席で本社社長の訪中まで決まっていたにもかかわらず、中国側内部の意見対立で破談になったりで、中国ビジネスが初めての梅田氏にとって厳しい船出となりました。結局、委託栽培を予定していた阜北農場との合弁に切り替えて、一九八七年一一月、ようやく合弁会社がスタートすることになりました（合弁期間は二〇年）。

以後数年の試験栽培を経て、一九九二年には一〇〇ヘクタール年産二〇〇トン（全量日本本社向け輸出）の実用生産が始まり、順調に生産を拡大、一九九四年には四〇〇トン（全量日本本社向け輸出）、一九九八年にはISO9002を取得して、年産六〇〇トン（うち輸出四〇〇トン）まで事業を拡大し、直営と契約栽培を合わせて六〇〇ヘクタールの栽培面積を保有するに至っています（この間一九九六年には、アロマホップの国内販売およびビターホップの生産販売を目的とする日・中・独三国合弁「新疆東亜聯合啤酒花有限公司」を立ち上げています）。

業績も、一九九四年には単年度黒字、一九九六年に累損解消、一九九七年に配当を始め、梅田氏は二〇〇〇年一〇月に、国家発展への貢献で朱鎔基総理から「友誼奨」を授与されています。

これまでの事業展開は決して平坦な道ではなかったと思いますが、一九六三年に大学の農学部遺伝育種教室を出てサッポロビールに入社、以来ホップ栽培一筋の梅田氏による中国辺境の地での入植以来一七年に及ぶ奮闘と創意工夫には、学ぶべきことがたくさんあります。以下前掲の「日中投資促進機構別冊ニュース」を引用しながら、まとめてみました。

①　合弁交渉は譲歩ではなく合意するまで徹底的に議論し、時には消しゴムが飛んだといいます。

「言いたいことは言わなければなりません。ややこしいことは置いといて、というのは駄目です。その場その場でしっかりと時間をかけて行うべきです。そのためにはあらゆることを想定して一行一行きっちりと交渉を行わなければなりません。交渉中に中国側が合弁事業で発生するリスクを日本側に押し付けようとしましたので、この際には敢然と立ち向かいました。ビジネスは日中双方に利益があるので双方が責任を持つべき、つまり『相互互恵』であると主張したら理解してくれました」

② 日中の交渉責任者（合弁スタート後にはそれぞれ合弁会社の副総経理、総経理に就任）が技術者であったことも成功の大きなポイントであったといわれます。

「土や気候については現地の彼らの意見を聞くようにし、ホップの理論等については私が主張しました。お互いに技術者だったので、苗の植え方について意見がぶつかった場合には、試験的に両方やってみようということにしました。一年後に彼らの方法と私の方法を比べ、私の方法がうまくいきましたので、彼らも意見を聞いてくれるようになったようです。他社で失敗したケースを聞くと、日本の方法をそのまま押し付けていたようです」

――技術は目にみえることが多いため理解を得られやすく、信頼を得られれば協力関係の構築もしやすいのです。

「また、ある商社が新疆でワイン用葡萄の試験栽培をした際に、日本のワイン農場から技術者を連れてきました。しかし、毎回技術者が異なっており、それぞれの技術者が次回に自分が来るかどうか分からないために、独自の考えでの指導ではなく標準的な方法でしかやれずうまくやれなかったようです。私は継続的に担当していくことが非常に重要だと考えています。これは技術のみならず管理や営業面でも同じではないでしょうか」

③ 他のビール会社やホップ会社がウルムチに来てホップ生産を模索したが、うまくいきませんでした。梅田氏がうまくいった要因に、技術者魂と日本でのホップ栽培の技術指導で農作業の実践経験があったことが考えられます。

「やはりうまくいったのは、必ずうまくいくという信念と、ぜひここで成功させたいという技術屋としての執念があったためかなと思います。ホップの技術屋の大半は、学問的なことのみに精通しているように思われます。本当は経験が必要な仕事であり、企業経営や人の使い方、圃場における農機具や肥料の使い方までも知らなければいけません。合弁会社も現場で後任を育てています」

「後任を育てる際には『率先垂範』が必要ですね。中国人からみると、偉い人が一緒に仕事をすることは非常に珍しいので、我々経営者が率先垂範すれば反応してくれます」

「良い中国人責任者を見抜くポイントの一つは、『率先垂範』で行動してくれるかどうかだと思います」

「私は、現地の方々に常々『皆と同じことはやるな、知恵を絞って付加価値を高める工夫が大事だ』と言っています。従って、人材育成は大変大事なことだと痛感しています」

④　合弁推進で最も重要なことは、中国側のパートナーとの信頼関係であり、それを構築するヒントは誠心誠意対応することだといわれます。

「日本での仕事と同じで、誠心誠意対応するよう心がけました。ものの本にはこうしろああしろと書いてありますが、私はできないので地で行くしかないと割り切って行動していました。秋田県や岩手県でホップ栽培指導を行っていたときと同じ気持ちでやっていましたよ。中国人に対しても、遠慮せずに駄目な時には怒りました。変に気を使ってもお互いに不満が鬱積していくだけですので、仕事中ははっきりと言い合った後、夜は一緒に飲み合うようにしました」

⑤　人材採用や労務管理についても、十数年前の、しかも中国で一番奥地の内陸部の保守的風土ではとても無理ではないかと思われるような合理的方針を最初から貫徹したことが、成功の大きな要因と思われます。

「合弁会社設立にあたり、自治区関係機関から能力や実績に応じて個々人に賃金格差をつける許可を得ていたため、業績査定により給与を支払ったので、社員の労働意欲が高まり事業の発展に大きな効果がありました」

「現場作業員は可能な限り若い人の採用を原則としました。理由は中国の悪癖に染まらない人を採用したかったためです。採用にあたっては総経理と副総経理（当初―梅田氏）の日中合意を原則とし、ふさわしくない入社希望者で総経理が断りきれない場合は、副総経理である私が断り、労働の質の低下を防ぎました」

「仕事を進めるにあたっては、中国式上意下達ではなく、できるだけ皆の意見を聞いたうえで決定しました。また、日本でほとんど行われなくなった慰安旅行は大好評で、モチベーションを高めるのに有効でした」

「ＪＩＣＡの事業支援には融資のほかに研修員受け入れ制度があり、合弁会社より二名を選抜して六カ月間日本で研修をしました。この二名は以後合弁会社で重要な役割を果たし、うち一名は現在の総経理です。研修生の一名は幹部候補、残りの一名は現場作業員の中から選抜し、自治区関係機関に申請したところ、現場作業員は中学出で文化程度が低いので海外派遣は許可できないと言われましたが、学歴だけで評価するのは不合理であると抗議し、保証書にサインして許可を得る場面もありました」

⑥梅田氏は現地化の推進にも絶えず心を配り、いろいろな工夫をしておられます。たとえばホップの輸送、保管、鮮度保持等の観点から、一九九三年にペレット加工設備、一九九九年にはエキス加工設備を導入、完成しましたが、いずれの場合も、修理や改良が自分たちでできるように可能な限りシンプルな設備とし、労働力も十分あることを考え、できるだけ自動化を避

ける設計を心がけています。

「ペレット設備の組立ては阜北三宝楽（現・新疆三宝楽農業科技開発有限公司）の社員が中心になって行うこととし、それにより設備をよく知り故障の際も自分たちで修理できるようにしました。これは費用を安くする効果もありました。主要設備はドイツから輸入しましたが、今日まで修理のため日本やドイツから技術者を派遣してもらったことはありません」

「中国では一般に設備が設置されると全て完成したかのように考え、稼働し始めて公称能力が発揮されないと問題になりますが、設備が設置完了しても完成度は三分の一、あと三分の一は技術、残り三分の一は管理であると教育し、どんな設備でもそれを動かす技術と管理が必要なことを強調して、順調な稼働にこぎつけました」

「エキス加工設備導入にあたって、まずは十分の一規模の試験プラントを作ることにしました。…（中略）…基本設計は、日・中・独合弁のドイツ側パートナーから提供してもらい、実施設計および施工は地元ウルムチ化工設計院に依頼しました。本格的設備の建設を考慮してパーツは全て中国国内で調達することを原則としたため、材料の入手に時間がかかったり品質に問題があったりして完成が予定より一年遅れましたが、一九九九年に完成しました。この設備の組立てにも合弁会社の社員を参加させ、操作の円滑化を図りました」

梅田氏はこのほかに事業成功の要因として、本社が新疆とほぼ同じ緯度の北海道で研究開発した現地適応性の高い品種を保有し、適地を選定し、高い栽培技術を積極的に提供したこと、また、本社がアロマホップの安定調達を最優先して、当初生産されたホップを国際価格で全量買い上げ、現地会社の収益向上に協力したこと等、本社サイドの全面的協力支援をあげておられますが、この点も重要なポイントと思われます。

また、当初物流、通関、交通、通信、生活環境等、いずれをみても大変劣悪な環境で奮闘されていた梅田氏（一九九〇年からは荒井副総経理が加わり二人体制）に、本社が大幅な権限委譲を行って支援していたこと、お話を伺っていて、梅田氏や荒井氏も謙虚で決して慢心することなく無農薬栽培等高品質ホップの安定供給に絶えず努力されている等、本社と現地の緊密な協力関係をうかがい知ることができたことも、大事なポイントのように思われます。

梅田氏は寄稿レポートの最後で次のように述べておられます。

「中国での合弁事業経験が一五年というのは決して長い方とは思っていない。ホップという特殊で小さな事業であるが、開始当初自分が描いていた以上の発展を見たことには大変満足しており、ここに紹介させていただいた。成功例を話す時の言い古された台詞であるが、日中双方の関係者の協力が大きかったといえる」

「初めは仕事をやって見せることが重要で、筆者自身技術者であったことで有利に活動できた。怠惰や責任逃れと見えることも、習慣、社会制度の違いだという諦めの混じった理解をするまでに時間を要したが、仕事の結果が見えてきてからの中国側の頑張りようは、まさに日本では古語になったモーレツ社員であった」

「やるべきことに意義を見出し報酬がついてくれば非常に勤勉に仕事に取り組むという姿勢は、日本の労働者が失いかけているものかもしれない」

「筆者は中国大好き人間ではないし、事業開始前に中国と関わりがあったわけでもない。期待しすぎもせず、失望もしない、日本でやるのと同じやり方でやろうという姿勢でこられたことが、結果的に良かったと思っている」

梅田氏は、サッポロビール本社役員を退かれたあと、ウルムチに住居を得て、阜北三宝楽（現・新疆三宝楽農業科技開発有限公司）の中国側パートナーの顧問を務める傍ら、依頼があれば現地での日本企業進出についてのアドバイザーも務められ、日中関係の架け橋として活躍しておられました。二〇〇六年に日本に帰国され、現在は調布市の自宅でウルムチ時代の回想録の執筆にあたっておられます。

二〇一一年三月一一日の大震災時には、いまも総経理を務める高智明氏から震災のお見舞いとともに、「日本に住むのが心配なら、ウルムチに住まわれたらどうですか、住宅も用意します」というメールが届いたということです。

最近私はサッポロビール本社を訪ね、担当部門の方から現地合弁会社の近況と評価をヒアリングすることができました。

まず二〇〇七年の合弁期限（二〇年）は、出資比率（五〇：五〇）は変わらず一五年延長されました。総経理高智明氏は、引き続き総経理を委嘱されました。

日本側は「高智明総経理は正直で、日本人や日本の会社に対する理解もあり、事業運営上の困難に遭遇してもお互いに努力しようとする姿勢がみられる。技術的知識も安心できる水準に達している」と厚い信頼を置いています。高智明総経理と一緒に第一回の日本研修を受けた、中学出の現場作業員黄氏は、現在ホップ生産基地の副部長として「まじめでよく仕事をしている」ということです。合弁立ち上げ当初の人材教育と技術指導の努力がいまも生きていると私は感じました。

日本側は非常勤の董事だけで、総経理、副総経理とも中国側が務め、日本人の現地駐在はおりません。高智明総経理からは経営上のいろいろな相談のほかに、最近の市場のニーズにマッチする試験品種の提供依頼があり、日本側もこれに協力しているということです。

従業員数は一八〇名で若干の増加をみておりますが、生産量はアロマホップ、ビターホップともにかなりのレベルに達しています。ほかに日本の専門会社からの要請で、現地の気候条件を生かしてメロン、スイカ等野菜のＦ１種子（ハイブリッド種子）の生産も手がけています。相応の収益をあげ、配当も行っています。

しかしながら、気候変動の影響を受けやすい国際商品のホップ生産は現在市場から大きな挑戦を受けています。

ホップは二〇〇七年世界的品不足から市況が高騰し、増産とビールメーカーの在庫積増しが進み、二〇〇八年後半からは生産過剰と値下りに転ずるなど大きな変動に見舞われました。日本側は、ユーザーの需要に対応するためにも品種変更や生産調整等を提案したものの、委託栽培圃場の雇用維持等簡単には調整しにくい現地事情もあり、自社生産拡大による柔軟な生産体制移行が今後の経営課題となっています。ここ二～三年は日本への輸入は見合わせているということです。

一方で、中国はいまや米国を抜き世界最大のビール消費大国（二〇〇九年…第一位―中国四二一九万キロリットル、第二位―米国二四五一万キロリットル、第五位―ドイツ八九九万キロリットル、第七位―日本五九八万キロリットル）となり、中国の大手ホップ生産会社である当合弁会社は、拡大する中国国内需要向け販売への方針変更も含め、経営が安定するように努めているということです。

現時点で、幾多の困難な中国事業に接してきた私の個人的見方ではありますが、当合弁会社について次のように総括できるのではないかと考えます。

① 合弁会社創業期のいろいろな困難を日本人駐在責任者の執念と努力、創意工夫で克服し、人材教育と技術指導を通して中国人との相互理解を深め、信頼できる総経理はじめ幹部職員を育て、二十数年の長きにわたって合弁経営を維持し、かつ現地化を実現している。
中国側にとっては、立地条件を生かした就労機会創出、外貨獲得、収益確保の道が拓け、日本側にとっては、原料ホップの供給源確保、収益・配当面の貢献が実現し、文字どおり日中双方に共存共栄の関係をもたらした事業である。

② 世界最大となった中国のビール需要は、一人当りビール消費量からみて今後も拡大が見込まれ、中国の大手ホップ栽培会社として、中国市場攻略の優位な位置にある。しかしながら、市場（市況）、気候、市場ニーズの挑戦を受けるホップ栽培は、それらに関するスピーディーで柔軟な対応ときめ細かな経営センスが要求され、高智明総経理の経営手腕が注目される。

③ 世界でも原料ホップと大麦の育種（品種改良）を手がけるビールメーカーはサッポロビールのほか数はきわめて少ないといわれる。二十数年の実績を有する当合弁事業は、当初の位置づけであった原料ホップの安定供給源から、中国国内市場への挑戦という次のステージに移行している。世界最大の中国市場と日本を含む国際市場の両方を、いかに攻略するかの戦略立案が今後の課題である。

気候条件の厳しい辺境の地で、苗木から収穫まで三～四年と簡単には起業しにくい、したがって新規参入のむずかしい分野で、中国人を中心としてここまで経営を継続拡大してきている当合弁事業は、立派な成功事例だと考える次第です。

2 泰興福岡編織時装有限公司（江蘇省泰興市）

上海市と南京市の中間、揚子江の北側泰興市（人口一二八万人）に、高級アウターニット（日本での小売価格一着三万～八万円以上）を生産する福岡ニット（本社：筑紫野市）泰興工場があります。名前を聞けばだれでもわかる日本の有名なタレントも愛用しているほどの手編み高級品を生産していて、工場職員は約五〇〇人（大部分は女工さん）、夏の生産の最盛期は泰興市内に手編みの外注先を一万人確保しているそうです。ここの田中雄一郎総経理は、一九八六年以来中国に駐在し、二〇一二年で二七年目になります。

私が一九八四年から日本興業銀行上海駐在員事務所首席駐在員だった頃、上海で進めていた自社の合弁事業の参考とするため、当時数少ない中国進出日系企業の駐在責任者にヒアリングしているなかで田中総経理を知り、揚州市の工場を訪ねて以来、田中氏と私は二六年の交流です。

田中氏は一九八六年、江沢民前総書記の故郷揚州市（泰興市はもともと揚州市から分離独立した隣町）に、北陸地方のニットメーカーの揚州工場責任者として駐在を始めました。当時揚州市でただ一人の日本人、しかも「札つきの日本人」といわれていたそうです。というのは、毎週現地の中国銀行の玄関で中国銀行の対応の悪さについて抗議文を読み上げ、同文を国務院の李鵬総理（当時）にも送付したり、経営管理のルーズな合弁パートナーの董事長（会長）を交替させるため、一年以上揚州市政府と掛け合うといった事態が日常茶飯事だったからだといいます。

ところが、一九九一年、四十数年ぶりの揚子江の大洪水で揚州市が冠水した時、難を免れた自社工場に収容しきれるだけの市民を収容し、また、自らボートを漕いで孤立した家々にパンを配る等の救援活動を行ったところ、揚州市の党書記、市長はじめ幹部の人たちが田中氏の人柄を見直し、すっかり親しくなったそうです。以来、会社運営上のいろいろな問題が起こっても、揚州市政府の協力が得られ、仕事が順調に展開するようになりました。その当時田中氏から、「私は心を入れ替えます。中国で仕事をする以上、中国人と信頼関係をつくり仲よくなれるよう努力します。仲よくなれば仕事がとても楽しくなることがわかりました」という趣旨の長文の手紙が寄せられました。

たまたま日本から出張してきた本社役員が、相変わらず中国人職員や官公庁の人に対して見下すような態度をとったため、田中氏はその工場を退職して日本に帰ろうとしたところ、現地視察に来た福岡ニットの社長から「当社の工場立ち上げを手伝ってほしい」と誘われ、これを請け負って今日に至っているということです。田中氏が前の工場を辞める時は、中国人女性の工場長以下四人の部下が自発的に田中氏についてきて、現在の工場で幹部として働いているということです。

先般、日本の東北のある地方銀行の幹部の方から、出張で日本に帰って来られた田中氏に繊維関係の中国現地事情をヒアリングしたいとの要請があって、私も同席しました。銀行の方からいろいろ質問があったなかで、中国での労務管理や福利厚生面の留意点を聞かれたときの田中氏のお話を紹介したいと思います。

「五〇〇人足らずの小さな工場では、よその方におみせできるような福利厚生規定などはありません。しかし、私が長年の経験で守っている考え方があります。それは『貧しい人には手厚く』ということです」(「たとえばどういうことがありますか」という質問に対して)「ついこの前のことですが、一人の女工さんが工場長(中国人女性)のところにやってきて泣き崩れていました。後で工場長に事情を聞いたところ、女工さんは二人姉妹の妹で、二人とも結婚式も決まっているが、母親がガンで一カ月もたない、中国では病院にも入れてもらえない。父親も数年前に亡くなっており、途方に暮れて工場長のところにやってきたということでした。私の親が丸山ワクチンで延命したことを思い出し、それから三回、日本に出張した折に日本医科大学で朝五時から並んで丸山ワクチンを買って帰り、女工さんの母親に投与しました。幸い半年以上の延命効果があり、二人の姉妹はそれぞれ結婚式をあげ、後々の段取りもすべてとりつけて、母親は亡くなりました。自分の工場は夏のいちばん忙しい時は週二～三日徹夜になることがよくありますが、皆安い給料なのに、文句もいわず実によく働いてくれます。われわれ日本人の行動をみて、気持ちを汲み取って一生懸命やってくれているのだと思います。私は職員の家族に何か困ったことが起きて相談があったときは、中国人幹部と合議のうえ、会社がお金を出して支援することにしています」

「私には長年かなえられない夢がありました。それはこんなに一生懸命働いてくれる職員に自分の家をもたせてやりたいということですが、いかんせん安い給料では到底無理な話でした。しかしチャンスがやってきました。数年前、一人の日本人が工場に飛び込んできました。見本に持ち込んだ品物を上海の税関で全部取り上げられてしまった、日の丸の旗が揚げてあるので日本人がいると思い、工場に飛び込んできたということでした。上海税関には夏は週二～三日も通っており、知り合いがたくさんいるため、一緒に出向いて行って荷物を無事取り戻すことができました。その日本人は関東のある町の方で、その町では機械工場や鉄工所で若手の担い手が足りなくて困っているということがわかり、これが縁で現在数十名が泰興市からその町へ研修に行っています。三年滞在して帰ってくると、家がもてるようになっています」

「研修生は自分の工場に勤める女工さんのご主人や泰興市の一般市民の男性なので、皆一生懸命です。日本に行って一年後に法務局の日本語試験があり、これに合格するとあと二年日本で研修できる仕組みですが、いままで日本語試験で不合格になったのは一人しかいません。住宅と水道光熱費は日本の会社負担で、それ以外は研修生本人の自己負担です。日本で若くてまじめな中国人研修生が必要ということであれば、いつでもこの方法で支援することができます」

「また、泰興市には揚子江に面し汚水処理場も備えた立派な工業開発区があり、日本企業が泰興市に進出するのであれば、私が泰興市政府と一緒に、会社立ち上げ、職員採用、訓練等全面的に応援します。日本から帰った日本語の達者な男性も数十名います。もし繊維関係の会社であれば、自分の工場からレベルの高い職員を二〇名くらい派遣して、立ち上げの操業を支援することもできます」

以上が田中氏の話の一部です。

ちなみに昨今の厳しい日本の経済環境のもとで、日本人駐在員一人の中国事業が福岡ニット全体の収益を大きく支えているということでもあります。

そのため泰興福岡ニットは「中国事業の現地化」を徹底して実践しています。

すなわち、五〇〇名の女工さんの管理、ピーク一万人を超える市内外注加工先の管理を、田中氏は日本人一人でこなしていますが、実は中国人の女性工場長はじめ女工さんから抜擢した二〇名の幹部が、田中氏の中国事業運営をサポートしています。二〇〇三年ＳＡＲＳ騒動の初期の段階で、これらの幹部から「これは大変な事態になりそうだ」との忠告を受け、工場の衛生管理、職員およびその家族の衛生管理には、万全の対策を講じました。上海→福岡のハンドキャリーの時は、福岡空港で本社社員に商品を手渡し、荷物を運んだ中国からの渡航者は、空港の建物から一歩も外に出ることなく、中国に舞い戻ってきたそうです。田中氏は「中国人が本気になった時の集中力はものすごい」と驚嘆されています。

田中氏自身、中国人職員の忠誠心と士気高揚のためにさまざまな工夫を凝らしています。前述のように従業員の家庭に病人その他の困難が発生したときは、幹部の合議制で、会社が費用負担等の支援をする――いざ困ったときの安心を保障する。田中氏は会社での昼食は、いつも工場長と幹部（部長、次長計二〇名）と一緒に食べることにしています。昼食は幹部との打合せの場にもなっています。

年一回の全従業員の日帰りバス旅行は、子どもも全員参加して、家族の会社に対する理解を深め、家族ぐるみの忠誠心を培うのに役立ってきました。

同じ趣旨で年一回子どもの工場見学会を催し、自分の母親の仕事ぶりを見学し、お菓子をもらって母親と一緒に家に帰ります。

毎週土曜日の午後は「お風呂の日」。従業員（大半は女工さん）の子どもが全員工場にやってきて、母親と一緒にシャワーを浴びて家に帰ります（当時はシャワーのある家は少なかった）。

年一回、日本の本社のある福岡県のＲＫＢ毎日放送から、アナウンサーと地元のボーカルグループを招き、工場で演奏会を催します。自社従業員や家族のほか、泰興市政府の幹部、現地日系企業駐在員等地元の知人友人を多数招待し、地域社会との親睦に努めています。

ただし、中国社会の拝金主義の広がりを反映して、昨今は病院や工場でのいろいろな事故が起きたときの補償要求の動きが激しさを増してきているため、日帰りバス旅行は四年前から取りやめにして、家族旅行のお金を渡しているそうです。「お風呂の日」も、各家庭にシャワーが行き届いてきているので、二〇一〇年から取りやめているということです。

泰興市という江蘇省の一農村都市ならではの、実にプリミティブな気配り、気働きの事例ではありますが、その根底にある物の考え方は、だれからも共鳴を得られるのではないかと思います。

先般、田中氏が最初に駐在していた揚州市人民政府の方々が、企業誘致説明会のために来日された折、われわれの銀行にも表敬訪問に来られました。その際、私が「田中雄一郎氏とは揚州駐在時代からの老朋友です」と申し上げたところ、市の幹部全員が田中氏のことを覚えていて、「田中氏の老朋友なら揚州市の老朋友でもある」といわれました。揚州市を離れて一五年以上経っていても、田中氏のことが皆の記憶にしっかり残っているということに大変驚きました。

一方で、最近三年ぶりに、一泊二日の日程で田中氏を訪問して工場を見学し、じっくりと田中氏のお話をお聞きしてみると、泰興福岡ニットにも大きな時代の波が押し寄せていることがうかがわれ、このことは中国で事業を進めるうえでの一つの教訓でもあります。

それは、二〇一〇年春から夏にかけて、中国各地でストライキ（中国企業も外資系企業も）が頻発しましたが、泰興福岡ニットも例外ではありませんでした。

最初、私は田中氏の会社でストライキ発生と聞いて、耳を疑いました。操業二〇年で初めての出来事ということです。田中氏いわく、「当社は二〇〇〇年頃、ピーク五五〇名でしたが、二〇〇八年のリーマンショックを経て、経済が落着きを取り戻した後、退職者がふえはじめ、現在は二六〇名、約半分になりました。泰興市も昔は大変な田舎町でしたが、いまでは経済成長の恩恵を受けて急速に近代化し、町には第三次産業（飲食業、商業、サービス業）がふえています。若い女工さんは、細かいニットの手仕事よりも、華やかで給料面で割のよいそちらのほうへ流れていってしまいます。残っているのは三五歳以上のベテラン女工さんだけになりました。むしろ人数は減っても仕事はキチンと回っています。その残った女工さんがストライキを起こしました。でも彼女らのストライキは、他の会社とは事情が違います。『自分たちは、年齢も高いし、いまさら別の会社や第三次産業には行けない。働きやすい福岡ニットで頑張りたい。思いやりのある田中総経理のもとで働き続けたい。そのためにはもう少し給料を上げてほしい』という主張です。長年苦楽をともにしてきた女工さんたちの主張には、私も同情します。二七年私を支えてきてくれている中国人の女性工場長・史丹霞の年収が六〇万円（月約四〇〇〇元）といえば、水準がおわかりでしょう。私は本社と加工賃水準の引上げの交渉をして、何とか二〇一〇年一五%、二〇一一年二〇%の賃金引上げを実現しました」

「もはや、中国の沿海部で、一般的労働集約型の低賃金をあてにした事業を進めるのはむずかしくなってきています」

「それにしても、各方面での中国の発展のスピードはすさまじいの一言です」

以上が田中氏の言葉ですが、高級アウターニットは「手編み」が命だけに、労働集約的にならざるをえず、機械化等による生産性向上も限界があり、人件費やその他のコストアップ要因で、泰興福岡ニットの業績も厳しい状況にあるということです。

私が二八年お付き合いをしている揚子江を挟んで北側の南通市で、二〇年以上繊維工場を手広く（従業員数千人）経営している日本人総経理からも、「沿海地区での繊維等の労働集約型事業は、これからは無理です」という話を聞かされています。

したがって、日々の工場運営、労務管理に関しては、田中氏の思いやり、気配り、気働き、中国人との相互信頼構築は、模範的ともいえるもので、われわれは田中氏から学ぶことが多いことは、疑問の余地がありませんが、最近の人件費をはじめとするコストアップに対しては、事業経営の観点から、生産性向上の工夫、立地選定見直し等の対策が必須ということでもあります。

しかしながら、田中氏の話にはもう一つの大きな発見がありました。田中氏が寝泊りする事務所の食堂では残業や休日出勤する幹部のために朝・昼・晩とも田中氏が食事の支度をし（問題やトラブルが起きない限り、田中氏は工場には立ち入らず、中国人工場長以下幹部に運営を任せている由）、大きな丸テーブルで一緒に食べたり、共働きで親が家にいない子どももやってきてごく自然に一緒に食事をするなど、以前にも増して家族的な雰囲気を肌で感じることができました。

そして、工場の一部と仕上げ工程を見学させていただき、いろいろお話を聞いてみると、一九九二年三月操業開始以来二〇年を迎える当社の技術水準や製品の品質の高さにあらためて驚嘆させられました。

手編みのアウターニットのＯＥＭ（日本の大手ユーザー数十社）が主力ながら、製品は多品種少量生産の高級品に的を絞っています。世界的にも有名な複数の日本人デザイナーブランドのパリコレクションなどに出品する作品も手がけています。春・夏・秋・冬の展示会向けの見本品の生産にはデザイン、仕上り、品質などに相当の神経を使うだけでなく、その年一年限りの商売なので、模倣防止のためギリギリに発注があり、しかも納期がきわめて短くかつ絶対厳守です。これらの厳しい条件を長年守り続けてきたことから、ユーザーやデザイナーの信頼も絶大で、リピート発注が続いているということですが、これをすべて、田中総経理の指揮のもと、中国人職員がやり遂げている点に注目させられました。

田中総経理によれば、「日本からはデッサンだけがきて、これをユーザーやデザイナーごとに担当が決まっている八名の中国人女性技術者がテレビ会議で詳細な打合せを繰り返し、製造の設計図を描き、試作品をつくり、日本に送り、さらに打合せを行って完成します。一流デザイナーの斬新で複雑な注文にも的確に対応しなければなりません。そのため、機械メーカーと共同で開発した、相当高価でかつ当社にしかない「目切りの機械」――材料やゲージに応じてニットの網目のありとあらゆる大きさをグラフ用紙に描ける機械――や、CAD、CAMなどの設計機械を駆使しています。日本からは注文数量分だけの原材料、付属品などの資材、値札等のタグが送られてきます。保税工場ですから数量管理を厳しく行っています。外注に出す場合はボタンやビーズの数も全部数えて支給しています。

年間一七〇～一八〇種類のデザインの商品を一五万枚生産します。一種類で六〇～七〇枚の物、デザイナーによっては五～六枚の物もあります」

「私はこれまで、一人ひとり職員が自分の仕事に対する責任感をしっかり身につけるよう教育・訓練をしてきました。工場や会社が自分の物、自分の生活がかかっていると思えるようにならないとよい物はつくれません。したがって不注意や単純ミスに対しては、徹底して厳しく対応します。激しくしかりつけることがよくあります。しかし、いろいろ頭を使って工夫して間違ったことは責めません。私は技術・管理・信用の三つがそろってはじめて高品質の製品がつくれると考えています」

「ベテランが辞めない理由に、有名デザイナーの作品をつくっていることに対する誇りがあります。彼女らはお金以外の仕事に対する満足感だといいます」

「中国人が自分が手がける仕事に神経と知識と技術のすべてを投入すれば、立派な製品をつくりあげることができます。私は長年の経験で、中国人の優秀さに敬服しています。日本企業は中国人の優秀さにもっと眼を向けるべきです」

「先日も英国のＤＡＫＳから製造現場視察に来て、『他に例をみない高水準の工場』とのお墨つきをいただき、発注が決まりました」

ということです。

チームワークと家族的な雰囲気を大事にしつつ、仕事に対する厳しい姿勢を守り続け、教育・訓練を通して中国人との信頼関係をつくりあげ、現地化を実現している田中総経理のマネジメントには、中国事業に携わるうえで学ぶべきポイントがたくさんあると思います。

田中総経理のマネジメントをみていると、私は現地化は、組織や部門のトップが必ずしも中国人ということではなく、配置される日本人トップと中国人が一体となり目標を達成できる体制をつくる、それに必要な中国人を育成する、その中国人が経験を積み能力が備われば経営幹部やトップに就くことができることだと考えます。

　田中氏は揚州駐在時代、朱鎔基国家経済貿易委員会副主任（当時）の工場視察を受けた時、最初の質問が、「何か問題はないか、何か困っていることはないか」というもので、他の要人とは眼のつけどころや切り口が違っていてとても印象深かったといわれます。

　また泰興福岡ニット工場には、北京の佐藤嘉恭中国大使や、上海の杉本信行総領事等、日本の政府高官も見学に来られています。杉本氏の著書『大地の咆哮』では、実名は伏せていますが、田中総経理について中国駐在員の鏡という評価で紹介されています。

　二〇〇一年には、NHKの朝の連続ドラマ「カーネーション」の主人公、小篠綾子さんが「娘―コシノジュンコ―の作品をつくっている中国の工場をみてみたい」といって見学に来られています。色紙を書いている大型写真をみせていただきました。今年七一歳の田中氏が、まるで小学生が親に通信簿をみせるように、はにかみながら写真を取り出す様が、田中氏の人柄を物語っています。

　田中氏のように、中国の大地に深く根を下ろして二七年、中国事業を立派に運営して大きな収益の柱に育て上げてきている方は、中国全土にたくさんおられると思います。

3 森松集団（中国）有限公司（上海市・江蘇省南通市）

中国進出二一年、いまや本社の本業のステンレス製貯水タンク（パネルタンク）製造業から、ステンレスや耐食性の高いチタン、ジルコニウム、ニッケル合金等の特殊金属加工を中核技術とする製缶品およびプラント製造業へと業容を拡大し、売上高、利益、従業員数いずれも本社をしのぎ、本社の分工場から脱皮し、中国企業として経営基盤を確立しつつある中国進出の成功事例です。

岐阜県本巣市に本社のある森松工業は、二〇一二年創業六五周年を迎えるステンレスタンクのトップ・メーカーです。資本金二億八〇〇〇万円、二〇一一年八月期売上高一二〇億円、当期利益一一億円、従業員数五五〇名の中堅企業です。

社長の松久信夫氏は、岐阜工業高校機械科卒業と同時に、三菱重工業の技術者から独立して亡くなられた父の鉄工所を引き継ぎ、若干二二歳の時、資本金二〇〇万円で現在の森松工業株式会社を設立しました。二一歳の時、全国溶接競技会に最年少で出場したことを誇りとする技術者です。とりわけ難度が高いとされるステンレスタンクの加工技術の研究、開発に取り組み、四二歳で岐阜大学工学部に聴講生として入学するなどして研鑽を積み、一九九二年五一歳の時に、ステンレスタンク加工技術開発で科学技術庁長官賞を、五六歳で黄授褒章を、七一歳（二〇一一年一一月）で旭日双光章（叙勲）を受章するなど、当社の技術力は各方面で高い評価を得ています。以前、鉄製タンクやコンクリート製タンクが普及していた頃、錆びる、重い等の弱点を克服するステンレス製貯水タンク（パネルタンク）を開発し、市場に浸透させ、ニッチな分野（逆に大手との競争が少ない分野）でありながら、シェアナンバー1企業となりました。

さらに当社は、水道向け特殊大型タンクを製造するのに、他社にはない有効幅八メートルの一〇〇〇トンプレス機を特別に設計し、使用していましたが、一〇年前、三菱重工より、このプレス機を使って航空機の部品製造（胴体加工）の打診があり、同社の技術指導を受けながら、設備が空いているときに製造を続けていました。七年前、三菱重工の受注先のボーイング社の航空機受注が旺盛になり、それに伴い、本格的胴体加工の依頼がきました。当社は航空機事業に本格的に取り組み、有効幅一〇メートル以上のプレス機を備えた専用工場を建設、技術的問題も克服して順調に納品を続けてきました。三年前からは、JAXAのH2A、H2Bロケットの燃料タンクの胴体プレス加工も手がけています。〇・三ミリメートルの誤差も許されないという高度のプレス加工技術を有し、品質保証面では、航空機の品質マネジメントシステム承認証も取得する等、「品質の森松、技術の森松」の面目躍如たるものがありますが、この技術重視の堅実経営が当社中国事業成功の原点であると、私は考えています。

松久社長は若い頃から、何とか海外に工場を出したいとの夢をもち続け、三〇年以上前の一九七〇年代から中国に出入りし、一九八九年上海市浦東地区に合弁工場立ち上げを決めました。合弁仮契約は、天安門事件が発生した一九八九年六月四日の三日後で、一九九〇年一〇月合弁会社（日：中＝七〇：三〇）上海森松圧力容器有限公司を設立、浦東新区の外資企業第一号でした。当初は、合弁パートナーとの意見対立、ロックアウト、その他いろいろな事態に遭遇し、数年かけて大半の中国側出資持分を買い取り、実質独資にするなど、辛酸をなめさせられました。

資本金八〇万ドル、当初従業員一〇名でスタートした上海森松も、当初は本社と同じ、貯水槽のステンレスタンク製造からスタートしました。しかし、いったん儲かるとなると、たちまちコピーメーカーが続出（上海で五〇社）、他の業種同様、生産過剰→価格競争→値崩れ→収益悪化の悪循環です。そこで商品の多様化で多分野のステンレスタンク製造に乗り出しますが、ここでもやがて中国企業との競争が激化します。

この間に、技術力で差別化を図るため、中国での開発・設計、製造・検査・補修メンテナンスに関する技術面のさまざまな資格・規格・認定を取得してきています。

中国圧力容器設計許可Ａ１、Ａ２、ＳＡＤ、中国圧力容器製造許可Ａ１、Ａ２、中国圧力配管工事許可（設置、改造、補修）、中国原子力安全機械設備製造許可二級、三級、品質マネジメント

認証ISO9001、米国機械エンジニア協会発行のＡＳＭＥ　Ｕスタンプ、Ｕ２スタンプ、ナショナルボードＲスタンプ（補修）、ＰＥＤ（ユーロ圧力容器）ＣＥ資格証等を取得しています。

設計・製造規格では、中国国家標準GB150、GB151、米国ＡＳＭＥ、米国熱交換器規格ＴＥＭＡ、米国石油協会規格API650、日本ＪＩＳ規格B8265、B8249、日本厚生労働省第一種、第二種圧力容器構造規格、日本高圧ガス特定設備検査規則等に対応可能です。

その他、環境マネジメントおよび労働安全マネジメント認証（ISO14001およびOHSAS18001）等も取得しています。

一九九八～二〇〇〇年にかけ、すなわち現在の森松集団（中国）有限公司の西松江英総経理が一九九八年上海森松圧力容器有限公司の第五代工場長に就任して以後、チタン製品等ステンレス以外の特殊金属製品の製造に乗り出したのが、中国事業飛躍のきっかけとなりました。

中国のＰＴＡ（ポリエステル原料の高純度テレフタール酸）生産設備や化学プラントで、より耐食性の高い特殊金属、すなわちチタンやジルコニウム、ニッケル合金の反応機器（圧力容器）の需要が高まり、中国メーカーとの差別化の観点から果敢に挑戦しました。チタンやジルコニウムの製品は日本では製造しておらず、すべて一から中国で新たに習得した技術です。ステンレスという特殊金属の加工の基礎技術を日本から持ち込み、中国でその技術の応用に成功したということができます。一中堅企業の当社が中国進出当初から中国人技術者を地道に教育訓練し、数々のグローバルな技術的資格の取得に努めてきた結果、すなわち人材育成と技術集積に努め、多様な製品に対応できる溶接工マネジメントシステムを中国に築き上げた点が、当社発展の源でもあります。

また、ハード（親会社の基幹製品）に執着せず、ハードとソフト（技術、ノウハウ）を柔軟に組み合わせ、付加価値を高めることを探求し続け、時代の要請に対応した研究開発と製品開発を中国で絶え間なく行ってきた結果、エネルギー開発にかかわる太陽光発電用ポリシリコン製造装置や原子力発電機器分野等の新しい産業分野にタイムリーに進出できたものといえます。松久社長や西松総経理が親会社の基幹製品にこだわっていたら、現在の発展はなかったのではないかと思います。

さらに当社の発展軌道を決定づけたのは、モジュール技術（機能別ユニットの組立加工）の習得です。ＩＴ技術が急速に進化し、設計分野においても、高度な三次元ソフトが次々と登場し、いまでは多くの産業でグローバルに設備のモジュール化の流れが加速していますが、当社は中国において、その潮流に乗ることができました。モジュール技術は納期面、品質面で競争力があり、需要が拡大傾向にあるなかで、当社の強みは中国のワーカー（単純作業員）の低コストに依拠した製造コストの低減ではなく、早くから「中国の高度なエンジニアの低コスト」に目をつけ、これら中国人エンジニアが高精度な三次元ソフトを駆使し、高度なモジュールを設計・製造できる体制を築き上げたことにあります。主力の圧力容器分野において、中国メーカーの技術的、品質的な追上げや価格競争が激しくなるなか、その差別化戦略として、より高度な知識と技術が要求されるモジュール技術を向上させ、中国での強みを存分に発揮しているといえます。

最近このモジュール技術の拡充に関して、さらに新しい一歩を踏み出す出来事が起こりました。

当社は製薬プラントのモジュールエンジニアリング会社、Pharmadule社（スウェーデン）と二〇〇九年一〇月戦略的提携を締結しておりましたが、二〇一一年二月、世界金融危機の影響で同社が破産申請をし、株主である英国のプライベートエクイティ（3i）が、資産売却の競売を実施した機会を逃さず、これを八〇〇万SEK（約一億円相当）で落札しました。

Pharmadule社は、一九九八年設立、ピーク時（二〇〇七年）売上げ約二〇〇億円、従業員三五〇名の製薬分野のモジュールに特化したエンジニアリング会社で、メルク、イーライリリー、アストラゼネカ、バクスター等有力ユーザーを抱えています。

落札後二〇一一年四月、当社は旧会社の資産を承継するPharmadule Morimatsu AB（資本金二百万SEK、二六百万円相当、森松工業一〇〇%出資）をストックホルムに設立、二〇一一年六月開業しました。

新会社は、

① モジュールエンジニアリング業務の強化

上海森松が得意としていた詳細設計・製造組立てに加え、旧会社（Pharmadule社）の資産および従業員の一部を引き継ぎ、上流工程の概念設計や基本設計業務に進出、強化する。

② 対象事業拡大

Pharmadule社が得意とする製薬部門のモジュール設計技術を、上海森松で製造する石油、ガス、化学業界向けのモジュールにも応用する。製薬分野でも、インシュリンやワクチン製造のプロセス技術向上を図る。

③ 欧州営業のハブ拠点として、グローバル化を推進

当面は旧会社が納入した六五のモジュールのメンテナンスを引き継ぎながら、新たな需要開拓を図る。

④ トレーニング拠点

松久社長が即断即決した大きな理由であり、中国人若手技術者（特に設計部門）の教育訓練拠点として、設計技術のみならず、語学習得や海外実地経験の積重ねを図る。

等を当面の方針として、当社製薬プラント会社（上海森松製薬設備工程有限公司）の中国人副総経理を送り込み、活動を開始しています。

ここまで、当社がステンレスパネルタンク製造から始まり、チタン、ジルコニウム、ニッケル

合金等の加工技術を習得してPTA生産設備や化学プラントの圧力容器等の高度な化学プラント用タンクに進出、さらにハードとソフトの柔軟な組合せ、絶え間ない研究開発と製品開発により、新しい産業分野に果敢に挑戦し、IT技術の急速な進化の潮流にも乗り遅れることなく、モジュール技術を習得し、大きく飛躍する様子をたどってきました。

当社はこれらの技術を武器に、石油化学プラントの攪拌装置（リアクター）、蒸留塔、関連製缶品、原子力発電の廃液処理設備や熱交換器、太陽光発電向けポリシリコン製造装置、海上油田やLNG開発プラント、鉱山製錬設備（オートクレーブ）、製薬プラント、環境保護関連プラント等のメーカーとしてその製品群は多岐にわたります。

これら製品を製造する新たな土地の取得のために、さらには外資製造業の二免三減の節税優遇や、生産設備の輸入免税を享受するねらいもあって、これらの製品ごとの専門会社を次々に立ち上げました。二〇〇一年上海森松製薬設備工程有限公司、二〇〇二年上海森松環境技術工程有限公司（環境エンジニアリング）、上海森松精細化工成套装備有限公司（ファインケミカルプラント向け機器製造、エンジニアリング）、二〇〇四年上海森松化工成套装備有限公司（ケミカルプラント向け機器製造、エンジニアリング）を設立し、一九九〇年一〇月設立の上海森松圧力容器有限公司とあわせて、上海森松グループの製造部門は五社体制となりました。このほかに建設、組立て等非製造部門が三社あります。

このうち、最初に設立した上海森松圧力容器の工場や二〜三の工場も住宅地が迫ってきたため、上海浦東新空港近くの工業開発区に設立した、上海森松化工成套装備有限公司の敷地に集約し、ここに敷地面積一四万二二〇〇平方メートル、工場建屋等六万八八〇〇平方メートルの一大工場が完成、上海地区は八社二工場体制です。

さらに、たとえば自重八〇〇トンの湿式冶金精錬設備（オートクレーブ）等の大型製品の搬出、船積みには、毎回一五〇〇万〜二〇〇〇万円の搬出コスト（交通、電力、公安部門の協力取付費用を含む）がかかるため、また新たに需要開拓した大型海水淡水化設備、FPSO（浮体式石油生産・貯蔵・積出し）設備製造のため、二〇〇八年五月揚子江の対岸南通市に、二社を設立、一万トン級岸壁を備えた敷地六六万平方メートル、第一期工場建屋一七万五〇〇〇平方メートルの大型工場を建設しました（第一期工事、投資額八八百万ドル、二〇一一年一〇月竣工）。二社はそれぞれ、森松（江蘇）重工有限公司（資本金六三・三百万ドル）、森松（江蘇）海油工程装備有限公司（資本金二四・三百万ドル）で、南通地区は二社一工場体制です。

こうして、現在では上海森松の中国事業は一〇社三工場体制となりました。

これまでの上海森松の業容推移をみますと、

一九九〇年一〇月設立、資本金八〇万ドル、従業員数一〇名からスタートして、

二〇〇〇年一二月期　売上高八億円、当期利益八千万円、従業員数二五八名

二〇一〇年一二月期　　　売上高二二四億円、当期利益二五億円、従業員数二二二一名
二〇一一年一二月期　　　売上高二九三億円、当期利益二五億円、従業員数三五八八名

ということで、設立一〇年目の二〇〇〇年までは低迷を余儀なくされたものの、その後急速な拡大基調にあることがわかります。昨年度、本社への配当金は二〇億円（その前年は一〇億円）で、本社収益をしのぐ規模です。もはや同業中国企業の追随を許さない特殊金属加工分野の一大企業集団「森松集団（中国）有限公司」を形成しようとしております。

生産設備の大部分は、日本、欧米からの最新鋭輸入設備、もちろん性能がよければコストの安い中国製クレーンやプレス機、台湾製レベラーマシン等も活用しています。

主要原材料も世界に供給源を求め、ステンレスコイルの輸入先はスウェーデン、フィンランド、ドイツ、フランス、ベルギー、日本、韓国、台湾に及び、チタンはロシア・ウクライナからの輸入ルートを開拓、中国国内も丹念に調査し、山西省からステンレス、陝西省からアルミやチタンを調達しています。

当社は技術開発とともに、製品の品質保証にも力を入れ、製品は原材料を自己調達し、原則自社工場で内製し（外注加工なし）、現場施工組立ても自社社員が行い、作業員の自己検査、班長の点検検査、班長レベルの相互検査・チェック、専門検査技術者による検査、そして最後にユーザー検査を受けて、万全の品質保証体制をとってユーザーの信頼を得ています。

その結果、日本の大手繊維・化学・造船メーカーやエンジニアリング会社、欧米多国籍企業（電気、化学、ファインケミカル、石油化学、製薬等）から「優秀サプライヤー」の認定証や表彰状も多数獲得しています。もちろん中国での各種特許も多数取得しています。

お許しを得て、主要大口ユーザーの一部をご紹介すれば、GE、デュポン、P&G、ジョンソン＆ジョンソン、シーメンス、BASF、ネスレ、アレバ等欧米多国籍企業や、SINOPEC（中国最大の石油化学メーカー）、中国冶金集団等中国の大型国有企業です。

私は、一九九一年八月、日本興業銀行上海支店長に就任してすぐ、森松工業本社との取引窓口の名古屋支店からの指示で、松久社長にお会いして以来、今日まで二一年間、操業当初の困難も含めて、いろいろなトラブル対応のご相談にあずかりながら、お付き合いさせていただいてきました。すでに当社のこれまでの発展の軌跡、それを支えた技術の取得状況については、概略を述べて参りましたが、以下では特に松久社長が力を入れておられる人材育成、人事管理・労務管理の観点から、当社発展の要因を述べてみたいと思います。

上海森松発展の最大の要因は、松久社長の信念である「事業は人なり」を実践し、一貫して人材確保と教育訓練、思い切った登用、すなわち人材の現地化を進め、技術の集積に注力していることです。松久社長自身、むずかしいとされてきたステンレス溶接技術の研究・開発に取り組み、四二歳で岐阜大学工学部に聴講生として入学し、四年間勉学に励んだことは、社長の信念の証でもあります。

その結果、五一歳で科学技術庁長官賞、五六歳で黄授褒章、七一歳で旭日双光章（叙勲）を受章されていることは、冒頭でもご紹介しました。

まず何よりも優秀な大学新卒のエンジニアの採用に力を入れています。

中国の主要大学の理工系大学生を積極的に採用し、毎年優秀な人材を獲得しています。このおかげで優秀な製品を開発することができ、同時にこれらの事実が在校生に知られることにより、当社への志願者がふえるという相乗効果を生んでいます。

二〇一一年南通工場稼働に備えて採用した一一〇〇名のうち、大学新卒のエンジニアは二〇〇名で、その結果森松集団（中国）の従業員総数は三五〇〇名、うち大学卒エンジニアは一四〇〇名です。

当然のことながら、教育投資も充実しています。徹底的に英語教育を行い、欧米ユーザーとの商談、技術交流は原則として英語です。

優秀な職員については、会社の費用負担で家族帯同の海外留学制度があり、すでに五名の博士（中国人四名、ベトナム人一名）が誕生していて、現在も四名が日本、米国、フランスに三〜四年計画で留学しています。

また、毎年四〇〜五〇名が海外研修旅行に出掛け、見聞を広めています。二〇一〇年は一二月末から二〇一一年一月初めにかけ、課長以上の幹部および成績優秀者約六〇名とその家族、合わせて一〇〇名がオーストラリアで幹部研修会を実施、年四回の幹部研修のうち三回は社内で行い、一回を海外で実施しているということです。

新卒採用だけでなく、経験豊富な年輩の専門家の招聘にも力を入れています。日本のメーカーやエンジニアリング会社を定年退職した高級技術者を技術顧問として迎え入れ、通訳をつけて若手職員の技術指導にあたっています。現在六四歳から六八歳まで一〇名を数えます。出身企業は日立、ＮＥＣ、カネボウ、日揮、ＴＥＣ等の一流企業です。また、チタン、ジルコニウム、ニッケル合金等の特殊金属の原材料調達に関しても、ケンブリッジ大学の金属学の専門家、ロシアのチタン研究所の所長経験者等三名の顧問を雍しています。

松久社長によれば、海外からユーザーが工場視察にきたとき、この年輩の顧問の存在は、ユーザーに対して非常に大きな信頼感と安心感を与える効果があるということです。

上海工場には、いち早く研究・開発センターを設置し、高度な計測機器や検査機器等研究・開発のための設備投資を惜しみなく行っています。

次に女性の積極活用です。

男女平等を国家理念の一つに掲げる中国では女性の活用は常識ですが、当社は重量のある大型製品を製造しているので、どうしても男性優位の職場になりがちです。この点松久社長は、これまでの中国での長年の経験から、都会出身者よりも地方出身者を、男性よりも女性を採用しようという明快な方針を示しておられ、こうすることにより、バランスのとれた人材構成にしようとしておられます。この結果、当社は優秀な女性人材を数多く採用できているということです。

たとえば、世界を舞台に飛び回る営業第一線の営業部長、副部長、課長はいずれも女性のエンジニア、これを本社からサポートするのも、上海森松設立以来十数年間現地に駐在し、松久社長の中国語、英語の通訳も務める西村今日子取締役海外事業部長です。

最後は権限委譲です。現地化の基本原則です。

稼働中の上海二工場はじめ南通の新工場も、すべて一九九八年上海圧力容器の第五代工場長に就任した薛絳顥氏（帰化して日本名・西松江英氏）が管理し、日本人管理職駐在はゼロという徹底した現地化が実現していることです。

西松氏は、華東理工大学を卒業して、上海市労働局でボイラーや圧力容器の安全検査官として働きながら、日本語を独学で勉強し、その後松久社長が身元保証人となり日本へ留学、岐阜大学工学部で化学工学を勉強し、森松工業に入社、上海森松に赴任後は、働きながら欧米系大学のMBAを取得、日本、中国、欧米の長所を取り入れた経営を実践しています。

松久社長は、上海森松の成功の最大の要因は、西松氏にめぐり合えたことと述懐しています。

松久社長は、社員により多くの権限を与えて、自由闊達に仕事をやらせ、それぞれが提案してきたものを自分なりに取捨選択してスピーディーに意思決定を行うという経営方針であり、まさにそれが功を奏していると思われます。会社の実務は西松総経理に権限委譲されており、西松総経理も徐々に中国人幹部に権限委譲しているということです。西松総経理は、年功序列の日本的労務管理の要素はいっさい排除して、信賞必罰の厳しい人事評価を行っているということで、この点は、三五〇〇名の大世帯を一人の中国人総経理が上手に管理できているポイントであると思います。ただし、信賞必罰の徹底はだれでもすぐに取り入れ実行できるものではなく、西松総経理の場合、松久社長からの絶大な信頼と、西松氏の長年の経営手腕、公平な管理と人柄に対する職員からの信頼感、安心感があってはじめて可能なことというのが、私の中国ビジネスの経験則からみた感想でもあります。

松久社長は二〇一〇年八月、『出社は月に3日でいい』（東洋経済新報社）という本を出版されていますが、そのなかでも語っておられるように、五七歳からパソコンを独学で習得され、日本と中国の工場に設置された三五〇基のウェブカメラで、一年三六五日、朝も夜も毎日工場建設現場や製造現場の様子を観察し、絶えず自社の現場の状況を把握しておられます。技術者魂の「現場主義」です。このようなウェブカメラの設置に職員や労働組合から抵抗がないこと自体驚異であり、日頃の松久社長と幹部や職員のコミュニケーションがうまく図られていることの証かもしれません。

夜間工事の手抜きを発見して担当常務に通報したり、徹夜で熱心に働く職員の様子を上司に伝えて人事評価の材料を提供したりと、ウェブカメラをよい意味で多面的に活用しておられます。私はこのユニークな現場主義と、他のだれよりも詳しい技術知識、それに若い頃から営業で苦労した経験が、松久社長の即断即決の秘訣ではないかと考えています。

以上のほかに、松久社長と接していて気がつくことは、社内の意思疎通、風通しをよくするために、日頃から松久社長自らが末端の職員とのコミュニケーションに気を配っていることです。上述のウェブカメラを仕事上のミスの発見や指示に限定している以外に、むしろ職員の励ましに活用しているというのも、その現れです。

大事な新入社員の入社式では、訓示以外に必ず全員との食事会にも参加し、交流を心がけておられます。

六〇歳以上の顧問（現在・計一三名）とは、七一歳のご自分も含めて「上海老人会」を結成し、よく丸テーブルを囲んで食事しながら談笑している様子が、パワーポイントに写し出されます。

上海出張の折に利用する上海工場事務所棟の宿泊施設の食堂のおばさん、お掃除のおばさんとも、年二～三回は食事会をされます。むしろ職員の身辺に関する他の幹部が知らない情報や、世間一般の情報が得られるといって楽しんでおられるようです。七一歳にしてこの気配り気働きには、ただただ脱帽です。

ところで私は、中国の今日の経済発展の根元的要因も「人材育成」すなわち「事業は人なり」の実践にあると考えています。

一九七八年一二月の中国共産党「一一期三中全会」で、現在の改革・開放政策を採択した時、鄧小平氏は「教育と科学技術担当の副総理」（日本でいえば文部科学大臣）でした。彼は自分の仕事を全うするためいろいろ考えた末に「科学技術は第一の生産力」の標語を定めました。

また、人材による富国、科学技術による祖国振興を謳った「人材強国戦略」政策を打ち立てました。以後毎次の五カ年計画や、西部大開発計画、東北旧工業基地発展戦略等の国家的政策には必ず「人材強国戦略」の一項目が設けられ、政策遂行に必要な人材養成計画や教育制度拡充計画が制定され、財政措置も含めて必ず実行されてきています。このことが、中国の経済発展を実現した真の要因であると、私は考えます。

この人材戦略の特色は二つあります。

一つは効果が出るまで一五年以上かかります。世界的に中国のプレゼンスが大きくなったのは一九九〇年代半ばで、改革・開放政策スタート後一五～一六年目からです。一六年というのは偶然ですが、人が小学校に入学し大学を卒業するまでの年数とほぼ一致します。

二つは効果が出ると、教育制度が維持される限り長続きします。高等教育を受けた人材が、毎年途切れることなく社会に排出するからです。

わざわざ中国に例をみなくとも、日本の明治維新の先達が、教育制度の確立と人材育成に力を入れ、数々の近代的技術を手に入れるために、海外から高級技術者を招聘し、紡績技術者や造船技術者等の育成を図ったことを考えれば、納得がいくのではないでしょうか。

したがって私は、中国事業は、優秀な中国人を集め人材教育と技術の集積を図ることが、すべての基本であると訴えたいと思います。

第8章

役員訪中成功のために

本社の会長・社長あるいはそれに準ずる役員が初めて中国を訪問する際の留意事項について述べてみたいと思います。以下は設計、建設関係の某大手企業の社長が将来の連携を視野に、まず研修生の相互派遣を行っている上海市の同業会社を訪問する実際のケースを念頭にご説明させていただきます。社長にとって中国訪問は初めての経験です。

1 訪中の意義

何といっても中国は社会主義、官僚主義国家で、体制、制度、諸々の習慣などが日本とは大きく異なる国です。新聞を開けば、中国関係の記事がない日はないくらい、われわれ日本人にもなじみの深い国ではありますが、活字や映像だけでは表面的な部分しか把握できません。

人口が日本の一〇倍といわれてもそれがどのくらいの量なのか実感できません。上海の南京路を歩いてみれば、真っすぐに歩けないくらいの人込み、片側二車線の車道の一車線を歩道に変更しているほどの混雑ぶりをみれば、人の多さが実感できます。

中国人の食に対する貪欲さを「机以外の四つ足はすべて食べる、飛行機以外の空を飛ぶものはすべて食べる」と表現することがあります。夕方も五時半を過ぎると何百席ものレストランがあっという間に人で埋め尽くされる光景をみれば合点がいきます。

SARSの時はさすがに町中のレストランは閑古鳥が鳴いて、従業員は相当数解雇されました。安全宣言が出されるや否や、皆が町のレストランに繰り出し、たちまち大盛況。ところが従業員の再雇用や諸準備が追い付かず、注文した料理がそろうまで一時間近く待たされる状況が長期間にわたって続きました。われわれ外国人はいらいらをつのらせ何度か料理を催促します。中国人は家族や仲間との会話を楽しんで、文句をいう人はいません。中国人の食に対する並々ならぬ執着心を肌で感じたのを覚えています。

中国現地法人の日本人責任者から上がってくるレポートの内容も、言葉では表現しきれない部分がたくさんあり、現地に出向いて見たり聞いたりしてはじめて実感できることが少なくありません。まさに「百聞は一見にしかず」です。

2 年一～二回の「定例訪中」

(1) 「定点観測」

経営トップの方々には年一～二回は中国を訪問していただき、中国のダイナミックで早い変化を肌で実感していただきたいと思います。私はこれを「定例訪中」による「定点観測」といっております。中国事業に関する経営判断は、これから一〇年後・一五年後に中国がどういうふうに変化しているかという予測の上に立てられるべきだと思います。

そのためには、定例訪中による定点観測で、日本の常識では考えられない中国の変化とそのスピードを自分の眼で絶えず確かめ、認識を深める努力が必要だと思います。

一九八〇年代の早くから積極的に中国展開している有名なOA機器メーカーの社長が、三年ぶりに中国を訪問して「衝撃を受けた」と語ったことが、日本経済新聞のコラムで紹介されたことがあります。地方の老舗商社の社長が「三年ぶりに中国を視察した創業者の父（会長）から、『ショックを受けた。すぐに中国をみてこい』といわれやって来ました」といって上海に来られた例もあります。

また中国に関する評論・レポートは多数ありますが、その切り口や内容は十人十色、人によってすべて異なるといっても過言ではありません。それらの評論・レポートを評価する自分なりの中国観が必要になります。この観点からも定例訪中により中国社会や中国人に対する理解を深めることが重要です。

世の中は人間の営みですから、当事者同士の直接交流によって相互理解、相互信頼が深まることは論をまたないと思います。定例訪中で、パートナー（あるいはパートナー候補）や事業を起こす地元の政府との幅広い交流を通じて商機を見出す、商機を拡大する心構えが大切だと思います。

(2) トップ交流――民間部門

どんな人物と交流するか。

たとえば、パートナーのトップ――中国の公司の法定代表者は董事長（日本の会長）ですから、最終的には董事長との面談は不可欠ですが、将来の後継者はどこにいるかわかりませんので、結果的に無駄になってもできる限り幅広い幹部との交流をおすすめします。

もし相手が集団公司傘下の公司であれば、集団公司のトップとの交流も大事になってきます。董事長や総経理（日本の社長）は実務方面のトップであり、社会主義中国では公司の実質ナンバー1は共産党委員会の書記ですから（董事長や総経理は党委員会の副書記等を兼務しているケースが多い）、最終的には公司や集団公司の党委員会書記との交流ができるようになれば今後の連携がスムーズに進む可能性が高まります。

通常は党組織のトップが外国人と交流することはきわめてまれなことといわれております。足繁く通い交流を深めることが肝要です。この点華僑系の人々は比較的容易に党組織のトップとも交流が広がりやすい傾向にあります。言葉が通じるということもありますが、やはり「血は水よりも濃い」ということだと思います。

(3) トップ交流――行政部門

本社役員の訪中は、現地法人の開業パーティー等は当然ですが、そのほかに、年一～二回開催される董事会への出席、設立一周年、五周年、一〇周年等の周年行事、中央政府や地方政府要人の現地法人視察等の立会い（これは後々中国政府筋とのコネクションを築くために重要）、現地政府主催の会議（シンポジウム）や祝賀行事参加等いろいろな機会が考えられます。役員個人の中国理解に役立つことはもちろん、会社の中国業務展開のヒントとなる情報を得たり、派遣駐在員の地元との関係緊密化にも役立つので、極力参加していただきたいと思います。

訪中したらできるだけ自社の業務に関係する行政当局等を訪ね、意見交換して親しい関係を築き上げる工夫が必要です。

役員訪中のとき交流を目指す行政府では、どんな人物に会うべきか。該当部門担当副市長（本件では、建設、都市計画担当）、対外経済貿易部門担当副市長、該当部門監督行政組織主任（本件では建設委員会主任）、該当部門関係大学学長（中国では学術交流や産学官共同が活発。本件では建築専門大学の同済大学や上海交通大学等）が考えられます。

もちろん市長に会えれば理想的ですが、初訪中でいきなり市長面談は困難です。訪中を重ねるなかで、たとえば参加したシンポジウムでの印象深い発言や報告が契機になり主催した市長と親しくなる例などがあります。

したがって、中国ではシンポジウムやセミナー、国際会議などに招待されたり、基調報告やスピーチを要請されたら、極力受けることも大事です。商品展覧会への出展要請も真剣に検討する価値があります。

中国要人との面談の際の話題としては、何カ月ぶりかで訪問した当該市の発展ぶりへの称賛と敬意の表明、合弁会社業況報告、日本側方針説明、世界や日本の業界動向と今後の見通し説明、中国側パートナーの協力に対する謝意表明（表敬訪問に立ち会っているパートナーの責任者を褒め上げる）、日本側派遣者紹介（役員が全幅の信頼を置いていることを強調）、行政トップ等の要人訪日時の本社来訪や工場見学要請（必ず来訪します）、市政府や監督行政当局の当該業種に係る産業政策や外資政策ヒアリング、日本側への要望事項ヒアリング等が考えられます。

中国の行政トップと親しくなると、いろいろ宿題が出ることがあります。

これは中国の将来取り組むべき政策課題と密接に関係していることが多く、中国社会・経済の実情把握におおいに役立つことがあります。

一九九〇年日中投資促進機構設立後初めて中国側カウンターパートの中日投資促進委員会秘書長（事務局長）一行が来日した折、日本での企業訪問の希望をお聞きしたところ、「グループ化、集団化に成功している企業グループの本部を訪ねたい」という回答でした。これはその数年後から活発化した国有企業改革の一環である企業集団化の検討時期と符合していると思います。

一九九〇年代前半から、中国の国有商業銀行首脳と面談すると、各行首脳からは必ず日本の銀行貸付金のリスク管理手法や日本の不良債権の規模について熱心な質問がありました。

一九九七年初めには、金融担当副総理から、日本の金融機関のリスクマネジメントおよび不良債権処理についてのレポートの要請もありました。いまでは周知の事実になっている中国の膨大な不良債権処理検討の山場だったと思います。この人物は朱鎔基副総理でした。

一九九〇年代半ばに、われわれの銀行の首脳が中国人民銀行の首脳と面談した折に、日本の住宅金融制度に関するレポートの要請がありました。われわれの銀行の首脳は住宅金融の前提として住宅供給制度も知りたいのではないかと思い、日本住宅公団の仕組み・役割等も含めてレポートを作成し説明しました。人民銀行から大変感謝されました。後に立案された個人消費拡大のための商品住宅普及政策の準備の一環だったと思います。

逆にわれわれはトップ会談に立ち会って、中国側の発言内容を克明に記録して分析してみると、中国の首脳者の問題意識が把握できて、そのレベルの高さに敬服すると同時に、解決策や協力事項を提案するヒントが得られることがしばしばあります。行政トップとの交流が大事なゆえんでもあります。

なお、社長や会社首脳が何度か訪中しているうちに、中国側から「次回はぜひ奥様とご一緒においでください」といわれたらしめたものです。中国側からの親愛の情のサインです。できるだけ早く実現することです。ご家族を帯同すると中国側は「この方は中国を安心してみている、信頼してくれている」と大変喜んで歓待します。

ややうがった見方をすれば、接待には天才的才能を発揮する中国人は、「○○社長を取り込むには、奥様を取り込めばよい」と考えるのかもしれません。

日本の総理大臣経験者が北京のアジア大会に奥様と一緒に招待され、都合があわない奥様にかわって、お嬢様が一緒に行かれ、和服姿のお嬢様が北京の街角に立つ写真が、日本の新聞でも紹介された例があります。竹下登氏のお嬢様です。

現地法人が何か問題を抱えているときは、これらの中国側行政トップ面談の際、問題処理の協力要請を行うことも可能です（ただし初対面のときのかかる要請は避けていただきたい）。その問題に関係する行政当局の責任者（たとえば、ニセ物問題であれば、工商行政管理局や商務委員会等）への訪問もトライしていただきたいと思います。

駐在員にとって普段自分の肩書では会いにくいトップに会うチャンスです。むずかしい問題解決の糸口になるかもしれません。合弁の場合は、中国側パートナーが必ず案内したり、会見に立ち会いますので、彼らとの事前打合せはもちろん欠かせません。

役員訪中の際日本大使（上海は総領事）を訪問し、最新の現地事情をヒアリングすることも大事だと思います。将来合弁の調印式や開業式などへの大使（総領事）出席を確保する布石にもなります。大使や総領事の出席は式典に中国側のハイクラスの要人をお招きする大事な条件でもあります。

このほか、本社役員訪中は貴重な機会ですので、大口ユーザー、代理店、販売店訪問等をセットすべきだと思います。

(4) 中国人社員との懇親

役員訪中時に必ず実行していただきたいことがあります。それは、現地中国人社員や中国人幹部との会食や面談を、日本からの派遣社員とのそれに優先していただきたいということです。役員の方は、派遣社員を慰労したり元気づけてやろうとして、つい「今晩食事をしよう」と声を掛けますが、中国人社員はよく観察していて、「うちの社長もやはり日本人が大事なんだな」と落胆しています。もし、中国人社員または中国人幹部と食事をセットし、ここに派遣社員を同席させれば、中国人社員が喜ぶことはもちろんですが、派遣社員にも現地法人運営上プラスになって、結果として派遣社員をいちばん元気づけることになります。

こんな機会に話す役員の訓話は中国人社員にいちばん浸透しやすく、ロイヤルティーを高めるのにも大変有効だと思います。

中国で数カ所の工場を運営し、日本のホームセンター向け卸を専門とする企業のオーナー社長は「中国出張では一カ所に必ず二泊します。一泊目は中国人幹部と会食します。二泊目は行政当局その他の公的会食があればそれを行いますが、なければ日本からの派遣社員と会食し、じっくり話を聞くようにしています」と述べています。

中国進出をもくろむお取引先での勉強会でこの話を披露すると、米国進出経験の多い自動車部品メーカーの経営トップの方々は「われわれの米国工場では当たり前のことです」と皆さん異口同音におっしゃいます。人種の坩堝といわれ、人事管理・労務管理がむずかしい米国では常識なのかもしれません。人事管理・労務管理がむずかしい中国も、米国と同じということです。

(5) 日常のきめ細かい現地対応も重要

本社役員訪中時の現地対応のほかに、日頃から現地法人として業務の円滑な運営上必要な行政機関や取引先等との関係緊密化も、現地駐在員の大事な仕事です。最低年に一～二回は交流を心がけていただきたいと思います。

交流といっても特にむずかしく考える必要はありません。中間決算や本決算の数字が固まった頃に、それらの資料を提出する予定の行政機関の担当者を訪ね、本社のＩＲ方針をふまえた範囲で修正済業績見通しの概要をそれとなく口頭で伝え、早めに報告する姿勢をアピールするとか、年末にはどこよりも早くカレンダーを配布するとか、国慶節や春節などの国民的祝日の前に日頃のご指導やご支援の御礼という名目で宴会に招待するとか、現地法人の周年行事に招待する等の気配りをすることです。

特に重要で親しくなりたい相手とは、チャンスをとらえて（たとえば本人や奥さん、子どもさんの誕生日――もちろん当日は家族水入らずのほうがよいわけですから、前の週の週末等を選ぶ）食事会を催すとか、日本に帰国した折に、心づけの小さなおみやげを買い込んで戻るなどの気配りも大切です。

税関や税務署のお役人は、最近は昔と違って食事に招待してもなかなか付き合ってはくれません。「何か頼みごとがあるな」と警戒心が先に立ちます。朱鎔基総理以来、この種の官民癒着には監視の目が厳しくなっているようにも思われます。

しかし、国慶節や春節の前など、世の中の習慣にならったもので、先方が参加可能と判断する恒例の招宴であれば、安心して参加してくれると思います。

このように日頃からコミュニケーションに心がけていれば、一朝事が起こったときに、親身に相談にのってくれること請け合いです。

一つ注意していただきたいのは、現役の人を招くときは、くれぐれも招き漏れ、招き忘れのないようにしていただきたいということです。中国側パートナーや中国人の幹部に相談するのがいちばん安心です。

また、現役の人とは別に、特にお世話になった引退した人とも適宜交流することは大事な気配りになります。周囲から人望のあった人であれば現役の人に対する影響力もあり、また、そういう先輩を大事にする日本人に対しては中国人の評価が高まります。食事の招待は、喜んで受けてくれます。入院したときのお見舞いが大事なことは、日本の場合と同じです。

どんな行政機関、取引先に目配りする必要があるでしょうか。

一般的にはたとえば、監督官庁や上部機関（合弁パートナーの親会社など）、合弁パートナーの党委員会や工会（労働組合）、税関、税務局、外貨管理局、工商行政管理局（営業許可証発行、ニセ物取締り）、人事局（ホワイトカラーの人事）、労働局（ブルーカラーの人事、危険物取扱関係――ボイラー設置等も）、環境保護局、消防局（建物の消防関連許認可）、商務委員会（外資企業の許認可、行政指導、トラブル等のよろず相談窓口）、工業開発区・保税区・輸出加工区管理委員会（商務委員会の工業開発区・保税区・輸出加工区版）、対外服務公司（駐在員事務所の職員派遣）、運送会社、会計事務所、取引金融機関、販売代理店、部品・原材料メーカー、外注先、警察や公安局、マスコミ（ニセ物対策やIR活動）などが考えられます。昨今の停電問題を考えると供電局（電力会社）も大事です。

日本企業の集積がいまだ少ないある沿海地区で、日本の電子部品メーカーの独資現地法人で工場火災が起き、中国人従業員が四名亡くなりました。本社担当役員から「どのように対処したらよいか」との問合せがあり、経験の少ない私は、中国での工場運営、特に労務管理に詳しい知人と、たまたま火災が起きた同じ都市ですでに一〇年以上建設関連の合弁会社を運営している知合いの日本人責任者の二人の方に、対応策について電話でヒアリングしました。二人からほぼ同じ回答がありました。まず第一に、本社の責任ある立場の人間が現地にすぐに出向くこと、第二に、現地の労働局を訪ね処理を委託、一任すること、第三に労働局の要求には、無条件で対処することすなわち、要求された資金や資材は値切ったりしないですぐに提供すること、結果的にはそのほうが早くてスムーズに事が運ぶことなどを教えられ、私はそのまま会社に伝えました。

会社は、翌日、当該現地法人の初代総経理を五年間務め、本社総務部長に昇進している人物を現地に派遣し、労働局に処理を一任しました。結果は三週間で解決し、その諸費用は十分納得できるレベルだったということです（弊行が関与した上海での高層ビル建設の合弁プロジェクトで、地下掘削工事で二人の死亡事故が発生し、四週間も工事がストップしたことがあります）。火災発生場所は検品の職場で、死亡したのは農村からの出稼ぎ労働者、普通は労働局が関与したがらないのですが、当該初代総経理の方が、在任中現地の労働局と親しい関係をつくりあげていたことが功を奏した好事例だと思います。

3　上海市人民政府表敬訪問

会社トップの訪中の目玉行事は、当該市（本件では上海市）行政部門のトップすなわち市長または副市長との面談です。

こういうハイクラスとの面談設定は、現地法人や駐在員事務所に勤める日本人派遣者の力量の見せ所ですから、中国側のパートナーや当該業種の受入単位（本件では設計公司や建設公司など）に協力を仰ぎ実現に奔走します。

会見場では中国側にパートナーや受入単位のトップが並んで座ります。最初に市長（または副市長）が歓迎の挨拶と中国側の主だったメンバーの紹介をします。続いて当方より答礼の挨拶をします。

まず面談の機会を得たことに対する謝辞、次に当方メンバー紹介。もし、自社の現地法人や駐在員事務所の責任者がいれば、その人の紹介やその人に対する協力支援要請を行うことも大事です。

当方メンバー紹介の最後はトップの自己紹介ですが、初対面の人に対しては重要な項目です。中国人は初対面で相手について相当程度評価を下そうとしますので、大変興味をもって聞きます。これまで携わったプロジェクト、事業、工場建設、中国との往来、もしあれば自分の中国観などを率直に語ればよいと思います。もし奥様が同行されていれば奥様を印象深く（たとえば中華料理の獅子頭をつくるのが上手とか、龍井茶が大好きとか）紹介することも大事です。中国側は奥様帯同を大変喜ぶことはすでに述べたとおりです。

さらに今次訪中目的を簡潔に述べます。パートナーへの敬意ならびに会談実現の労苦に対する謝意表明、パートナーとの交流目的、これまでの交流経緯、将来計画等に触れます。計画実現のための市長（市政府）の側面支援、協力も要請します。

合弁事業計画であれば、市長や市政府にとっても利益のあることですから、彼らは喜んで協力を約束してくれます。

ただし初対面の段階では外交辞令の域を出ないことも認識しておく必要があります。

次は当方の会社概要を説明します。

業績のほかに業界地位（グループ企業であればグループ内位置づけ）、最近完成したプロジェクト、事業、工場、計画中のプロジェクト、事業、工場建設、中国との取引関係、中国事業への取組方針などについて、極力簡潔に述べます。先方は事前ブリーフィングをすませていますので、客観的事実の説明はできるだけ手短に行うのがポイントです。

先方は当該業種の世界や日本の潮流、現在の動向、将来見通しについて強い関心をもっていますので、それらについての数字も交えた客観的説明、社長個人の見方、判断には熱心に耳を傾けます。

ただし、中国はむしろ一気に日本の現状や将来見通しを乗り越えてしまう——たとえば日本で二〇～三〇年要した事態が五～一〇年で実現してしまう——可能性がありますので、表現には注意が必要です。

また中国人との面談で気をつけることは、求められれば自分の意見は率直に述べてかまわないと思いますが、初対面では批判、注文、説教は極力控えたほうが無難です。歯の浮くようなお世辞は禁句であることはすでに述べました。

先方との対話の間合いを考えながら、たとえば先方があまり積極的に発言せず間がもたないような雰囲気になったら、今次訪問時見聞した事象の感想を述べることはもちろん問題ありません。中国または上海の発展ぶり、日本における中国や上海の評判、日本の経済界における中国や上海の評価、自分の個人的感想等々です。

面談の後半では先方の次回訪日計画の有無を聞き、自社への来訪、相手が興味を示したプロジェクトや工場見学案内を申し出ることも必要です。先方は担当者がしっかり記録していて、必ず来ます。このことは先方との関係緊密化にも重要なポイントとなります。

先方から「今回の訪問はいつまでですか」とか「今回はいつお帰りですか」などの発言があれば、面談終了のサインですから、謝辞を述べ、次回日本または上海での再会を希望する旨伝えて、握手して辞することになります。おみやげがあれば、最後に手渡します。

行政府トップとの面談で現地駐在員の最大の悩みは日時が確定しにくいことです。

ギリギリまで決まらず本社からは矢の催促というのは、毎度のパターンです。中国は官僚主義国家ですから、外国人との面談より、国内の党や行政府の都合が最優先することが原因です。決して現地法人や駐在員事務所の責任者の能力の問題ではないことを、本社の関係者には理解していただきたいと思います。

また、本社の会長や社長が訪中するから、市長との面談をセットするようにとの本社からの指示がありますが、市長が国内出張や海外出張でいなければ会えない道理です。中国サイドのトップに会いたければ、自分の都合でなく先方の都合にあわせて日程を組むことが大事なことは自明の理です。

4 パートナー（またはその候補の）トップとの面談

訪中すれば、まずパートナートップとの面談があり、その日の夜は歓迎宴が催されるのが通常の中国流もてなしです。

パートナートップとの面談は前記上海市長との面談の要領で行えばよいわけです。今次訪中ならびに面談実現に対する謝意表明を行います。

先方がすでに来日して当方と面談・会食しているのであれば、その想い出や感想を述べます。すでに研修生の交換をしているので、研修生受入れに対する謝意表明、研修生受入れに携わっている人々に対する謝意表明、「研修生○○君をよろしく」と社長自らが研修生の名前をあげて、研修生が大事な人材であることを印象づける配慮も必要です。

一方、当方が受け入れている中国側研修生の名前をあげて、その勉強ぶりや日本語習得状況を紹介し、当方も真剣に対応していることを強く印象づけることが大事です。

今次訪中で、たとえば「業務協力協定書」とか「合弁協議意向書」のようななんらかの文書調印が準備されているのであれば、文書調印の意義づけを行い、パートナートップの指導力と携わった関係者の努力や労苦に対して謝意表明を行う気配りが大事です。

5 宴会のポイント

日本から訪中すれば、必ず中国側から歓迎宴が催されます。訪中メンバー全員と現地駐在の主なメンバーが招待されます。

最初にビールで乾杯し、中国側主人が「さぁ、どうぞお召し上がりください」といってオードブルを小分けしてくれたら宴会がスタートです（主人が料理を小分けするのは乾杯と同じ儀式のようなものです）。

紹興酒や白酒（透明な強いお酒）は自分で勝手に飲まず、主人と杯をあわせ乾杯の仕草で飲むのが一般的といわれています。お礼も乾杯して飲みます。主人以外からも杯を掲げられたら、喜んで杯を空けるのが中国流礼儀といわれています。

逆に当方が主人（答礼宴）の場合には、歓迎宴の主人のやり方を真似すれば無難です。主人が積極的に料理を勧めたり、杯をあげて場を盛り上げる工夫が必要です。

話題は楽しい話、大型プロジェクトや工場建設の経験談――特にとっておきの苦労話や失敗談、教訓、嬉しい誤算などが喜ばれます。楽しい趣味の話もおすすめです。相手が年齢の割には若くみえ健康そうであれば、それを称え秘訣を聞き出します。中国の要人は髪の毛を黒く染めている人が多いという話ですので、当方からは髪の毛の話題は触れないほうが安全です。

相手の趣味や自慢の特技にはできるだけ話をあわせ、場を盛り上げる気働きも必要です。中国側の主人だけでなく、ナンバー2やそれ以外の出席者、特に若い人や女性にも話題を振ればいっそう楽しい雰囲気になります。酒の強そうな女性を見つけて杯を空けるのは、当方の若手の出席者の務めです。このような気働きのできない若手は中国駐在は無理かもしれません。

中国側主人と意気投合して次回の約束（何でもよい）が成立すれば宴会はひとまず成功といってもよいでしょう。

通訳は男性でも女性でも機転が利くことが大事です。達者な女性通訳は、和やかな雰囲気を醸し出してくれます。

最後のデザートを食べ終えたら、呼ばれたほうから、「今日は大変美味しいお料理をご馳走になり、とても楽しい宴会でした」といって立ち上がり、おみやげがあればそれを手渡して、宴会場の出口で見送られて帰路につきます。

主人は、宴会場の出口で見送りをし、宴会場の外には出ないのが一般的です。中国人は外部の人にだれと宴会をしたか知られたくないようです。

6 答礼宴

歓迎宴があれば、中国滞在中に答礼宴を催すのが礼儀です。時間がとれない場合は次回当方から、または日本で招宴することです。

場所は宿泊ホテルの中華料理レストラン、宿泊ホテル以外であれば市内の有名ホテルのレストラン――「錦江飯店」(北楼)、「静安賓館」(九〇一号室)、あるいは豫園商場の老舗の中華料理店「老飯店」、上海ガニの季節(一〇月、一一月)ならば一〇〇年以上の歴史を有する上海ガニの有名な料理店「王宝和」等々があります。

中国側の招待客の上層部が嫌いな食べ物、持病や宗教上の関係で食べられない物がないかどうか事前の情報収集が必要です。好きな食べ物や飲み物を用意することも相手に喜ばれる気配りです。

周恩来総理は、日中国交回復交渉で訪中した田中角栄総理の朝食に、田中総理が好きな地元新潟の老舗「みそ西」の味噌を取り寄せて味噌汁を供しました。最初のひと口を飲んだ田中総理は絶句したということです。

宴会の時間は夕方六時から八時の二時間くらいが標準です。早めに始め、早めに切り上げるほうが喜ばれます。一般には二次会はやりません。

招待メンバーは、歓迎宴のメンバーに、研修担当者、調印文書作成担当者等特別に招待したい関係者を幅広に呼ぶことをおすすめします。

中国側運転手の夕食代はレストランから一人五〇～一〇〇元の現金を手渡してもらい、宴会の請求書に「運転手食事代」と明記してもらいます。

おみやげは、相当親しくなるまでは用意したほうが無難です。歓迎宴で手渡してあれば答礼宴では不要です。自社の商品やノベルティがあれば、それで十分だと思います。

［参考］　訪中の際のおみやげ

訪中の際のおみやげは悩みのタネです。中国側、特に国有企業や行政府の個人はあまり高価なおみやげは受け取りにくい内規があります。

中国内価格二〇〇元相当を超える物は申告の必要があり、自分の物にするには相当の税金を納める必要があります。時代によりこの規定が厳格になったり、ルーズになったりしているようです。

関係する図書、技術書、写真集などがスマートなような気がします。自社製品はだれからも納得されやすく、相手も受け取りやすいようです。

7 見学場所

多忙な公務の合間を縫っての上海訪問ですが、次に述べる場所のいくつかは視察していただきたいと思います。該当する業種に関係の深い場所を優先して見学するのはもちろんですが、中国や中国人に対する理解を深める観点から、時間の許す限りいろいろな場所を見学することをおすすめします。

(1) 同業または関連業種の国有企業や大手民営企業本社、工場等

連携候補先の評価あるいは該当業種の中国の水準を知るために、ぜひ見学していただきたいと思います。

ただし提携交渉先でもなければ、簡単には見学できません。当該企業と取引のある邦銀や日系商社に依頼するとか、邦銀経由で商務委員会に依頼するなどの工夫が必要です。日中関係団体は比較的幅広く中国企業と交流があります。それらを通じて工場見学を申し出ることも一つの方法です。ただし当該団体から強力な会員勧誘の働きかけがあることは覚悟してください。

使用している設備、機械のレベル、それを使いこなしている従業員のレベル、勤務態度、原材料の歩留り状況、工場内の整理整頓状況等会社のP／LやB／S上ではわからないたくさんの情報が得られます。

ある医療機器メーカーは合弁予定先の国有大手企業の工場見学で、事務所、階段、廊下、トイレ、ロッカールーム、従業員食堂、厨房など作業場以外の場所もみて「衛生管理レベルが低すぎる、教育するにも並大抵ではない」として合弁をあきらめ独資に切り替えました。

(2) 大型市街地開発地域

上海市人民政府前の人民広場の一角にある「上海市城市規画博物館」は、上海の都市計画の歴史や現状、将来を知るために必見です。

そのうえで浦東新区とりわけ金融貿易の中心地である陸家嘴地区の視察をおすすめします。日本の森ビルが経営する上海環球金融中心大厦の一〇〇階にある展望台からは、天気がよければ上海全市が一望できます。

上海の浅草といわれる古い上海のおもかげを残す豫園商場や、隣接する新しい上海の観光スポットともいわれる「新天地」の見学は、中国の都市開発のモデルをみる思いがします。

南京路や准海路などの繁華街の散策も、人の多さを実感するだけでなく、世界の一流ブランド品の専門店がひしめいていて、中国の上流社会や中産階級の消費水準を知るうえで参考になります。一〇～一五年前にはみられなかった光景ですから、その変化のスピードにも驚かされます。

(3) 松江工業開発区、松江区大学城、松江新城

一九九二年から手がけた広大な松江工業開発区、上海市内の七つの大学を移設してつくりあげた学園都市――松江区大学城、高層アパートが立ち並ぶ新しい住宅ニュータウン――松江新城（城は中国語では街や都市を意味する）も中国の都市計画のスケールの大きさを知るうえで必見です。

上海の南西部に位置し、車で市内から順調にいって四〇～五〇分を要しましたが、地下鉄の乗入れが完成して、上海の中心地との時間距離は三〇分以内に短縮され、工場、大学、住宅が共存する一大ニュータウンが出現しました。

(4) 朝　市

中国人の生活風景や活気に触れ、水産品や農作物など食べ物の豊かさを実感するには朝市の見学をおすすめします。冷蔵庫の普及はあっても市民の大部分は、いまだ毎日の買出しを朝市に依存しています。朝六時から七時の間が人出のピークです。暖かい季節や夏はご婦人がパジャマ姿で徘徊するので、初めて見学する人はあっけにとられます。

庭先で朝仕入れた鶏をしめて、ピンセットで細い毛をむしり取っている父親、その周りに子どもたちがしゃがみ込んでじっと見つめています。おそらく家族のお祝いごとで今晩のごちそうの下ごしらえをしているところだと思います。父親か母親はその日は会社を休みます。

街中には多くの小学校、中学校があります。

小学校では朝八時近くなると、両親のどちらかが低学年の児童を自転車（最近は自家用車もふえている）で送り届ける光景に出会います。一人っ子にかける親の期待が伝わってきます。小学校の入り口には小学校が経営する印刷会社の看板も掛けてあり、ビジネス志向が強いことに驚かされます。

中学校も「重点中学」と一般の中学があります。

重点中学は選抜試験を通った優秀な子どもが集まっています。朝礼が終わって校舎に入る様子を傍らでみていると、眼は生き生きとし顔付きも生気があふれています。中国の将来を担うという意気込みすら感じます。すぐ隣の一般の中学とは好対照です。休日に二つの中学の校舎を見学したことがあります。重点中学には美術室、音楽室、理科の実験室等が備わっています。一般中学は普通教室だけです。

このように早朝一時間、朝市と小学校、中学校をみて歩くだけで、中国の社会状況の一端を垣間みることができます。

余談になりますが、私は上海駐在時代、日本から上海に来られる取引先の会長や社長には必ず朝市見学を提案しました。オーナー経営者はほとんど皆さん「ぜひみてみたい」とおっしゃいます。サラリーマン社長の多くは見学時間が早すぎるせいか、「次回時間があれば……」と遠慮されます。

逆に土曜日や日曜日にゴルフをお誘いすると、皆さん「いいですねぇ」といってお受けいただけます。しかしオーナー経営者は（なぜかオーナー経営者にはハンディ一〇前後の達者な腕前の人が多いにもかかわらず）「あなたさえよければ、工場用地をできるだけ多く案内していただきたい。ゴルフは進出が決まればいつでもできますから……」とおっしゃる方が多かった記憶があります。朝八時出発、夜八時帰着のハードなスケジュールも意に介しません。オーナー経営者というのは、外国に来ても、土日でも体を張って命がけで仕事に取り組んでいることを思い知らされたものでした。

朝市見学の後のオーナー経営者の感想に共通点があります。

「中国でもう一度サクセスストーリーがつくれる。戦後日本の復興時代の雰囲気と似ている。当時といまの時代の違いは一つ。昔は事業を起こそうと思っても銀行がお金を貸してくれなくて苦労した。いまは銀行が『借りろ、借りろ』の矢の催促」とよく皮肉をいわれました。

(5) 上海雑技(上海サーカス)

雑技とはアクロバットで、中国全土で観光用見世物として盛んです。人間技とは思えないレベルの高い演技をみせてくれます。失敗すると成功するまで繰り返し繰り返しやり直し、やっと成功すると手に汗を握ってみていた観衆から大拍手です。

私が雑技見学をおすすめする理由は、中国人はヤル気になれば何でもできることを実感できるのと、なかにはユーモラスな寸劇もあって、中国人のユーモアを解する国民性がわかるからです。

知合いになった上海雑技団の樽くぐりの名人がいいました。「雑技団に入れなかった人がオリンピック選手になっている」と。

(6) 長　江

上海の浦東地区の北は長江の河口です。上海税関事務所に事前に諒解をとって、ぜひ長江の堤防に立ってみてください。まるで海のような水面が出現します。向う岸はみえません。河口の川幅は五〇キロメートルということです。よく目を凝らしてみると陸地が霞んでみえることがあります。これは岸から一〇キロメートルほどの中洲——長興島です。ちなみに長江は全長六三〇〇キロメートルの大河です。

長江見学をおすすめする理由は、中国は広大ということを実感してもらうためです。

(7) 蘇州、杭州

時間があれば、蘇州や杭州まで足を伸ばしていただきたいと思います。中国の経済発展の中心地の一つ、人口一億三五〇〇万人の華東地区の開発状況がよくわかります。

「天に極楽あれば、地に蘇州、杭州あり」といわれる風光明媚な土地柄でもあります。

8 その他の注意事項

(1) 服装

公式訪問は背広、ネクタイ着用、宴会も同様です（昔は中国側は首相や市長クラスでもジャンパー、ノーネクタイということがありましたが、最近はそのようなスタイルは少なくなりました。時々ジャンパー、ノーネクタイの人がいても気にしないでください）。

中国の春、秋は日中暖かでも朝晩冷え込むので、厚手の靴下やカーディガン、ベストの用意が必要です。体の芯が冷えて日本に帰国後風邪で倒れる例は少なくありません。コートの準備は、現地に確認したほうが安全です。

(2) 水

水道水は極端な硬水なので、飲料水はミネラルウォーターか湯冷まし、お茶を飲むようにしてください。

(3) タバコ

禁煙地区がふえていて、罰金とりが見張っていますので注意してください。特に空港は全域禁煙です。

(4) おみやげ

中国出張のおみやげは、空港の免税店が品物が豊富で不自由しません。ただし街中ニセモノが氾濫しているといっても過言ではありません。ブランド品は避けたほうが無難です。お酒等の液体類は手荷物は厳禁ですので、空港の免税店で買うしかありません。トランクに入れてチェックインしても開封させられることがあります。

(5) 海外旅行保険

日本企業はまずどの会社も自動的に掛けていると思いますが、念のためご注意申し上げます。特に中国人を日本に招待するとき、中国側が付保していることを必ず確認してください。口頭でなくエビデンス（証拠書類）で確認すること、当方が身元保証人であれば、当方でも付保する慎重さが必要です。われわれの銀行の取引先からの相談で、日中双方が付保を忘れて甚大な被害が出ている事例に遭遇したばかりです（日本に一週間招待した中国人獣医が中国に帰国する前日に倒れ、大学病院の集中治療室に四カ月入院し、治療費、看病家族の滞在費、当人から請求された「慰謝料」五〇〇〇万円、弁護士等の諸費用で数千万円の出費を余儀なくされました）。

以上あれこれ述べてまいりましたが、経営トップの訪中の成否は今後の会社の中国ビジネス展開に影響が大きいだけに、細心の注意が必要との思いから、気がつくことを申し述べてみました。

第9章

中国事業戦略立案のヒント

1 中国事業戦略を構築するうえでの留意点

(1) 中国政府の政策方向や動向を掌握

中国は一九七八年一二月の中国共産党「一一期三中全会」で改革・開放政策を採択、それまでの社会主義的計画経済の枠組みを突破し、市場経済体制へ大きく政策転換を図りました。

一九七九年七月中外合資経営企業法（いわゆる合弁法）が施行され、一九八四年四月には沿海地区一四の対外開放都市も制定され、外資導入、外資利用が経済運営の大きな柱の一つに据えられました。

一九九二年一〇月の第一四回中国共産党大会では「社会主義市場経済樹立」が宣言され、その後経済運営の各方面において、いわゆる「市場経済化」を推進してきていることは、周知のとおりです。しかし、歴史上初めての試みともいうべき「社会主義」と「市場経済」の融合・両立は大きな矛盾と困難に満ちた難事業でもあります。

社会主義市場経済を謳いあげた初期の頃、朱鎔基副総理が「社会主義市場経済とは全面的に自由競争と市場の動きに委ねるということではなくて、必要とあらば、政府が価格管理、所得再配分、資源配分に関与すべきだ」と発言していることや、一九九三年一一月の中国共産党「一四期三中全会」において採択された「社会主義市場経済体制を打ち立てる若干の問題に関する決定」で、「社会主義市場経済体制とは政府のコントロールのもとで、市場が資源配分に対して基本的機能を発揮するようなメカニズムを構築すること」という主旨を述べているように、中国経済運営の実態は政府のコントロールが強く作用しているといっても過言ではありません。人民元為替相場などはその典型といってもいいと思います。

別の表現をすれば、中国はいまだ中国共産党が指導する官僚主義国家、計画経済の国と考えても、大きな間違いではないともいえます。

したがって中国事業戦略立案にあたってはまず、関係する業種・業界について政府の政策の方向性や直近の動向をしっかり把握する必要があります。幸い、中国ではそれらを知る情報や機会は以前に比べて格段にふえています。以下はいずれも公表、公開されているものです。

① 中国共産党全国代表大会（党大会）での総書記報告

——五年に一度開催される中国共産党大会での総書記報告は、次の党大会までの基本方針を示し、各分野の政策に強い影響力をもつとされています。次回は二〇一二年秋に開催予定。

② 五カ年計画

——国民経済・社会の発展目標とそれを達成するための制度改革や各種経済指標等が示される

中期計画。対中投資にかかわりの深い各種産業政策にも言及するので注目する必要があります。五年に一度党中央委員会総会で提案され、翌年の全人代で採択されます。現在は第一二次五カ年計画（二〇一一〜二〇一五年）。

③　全国人民代表大会（全人代）での総理政治報告

――全人代は毎年三月頃開催される国家の最高権力機関および立法機関の全国会議で、日本の国会に相当します。国政に関する前年度の総括と当年度の計画が詳細に報告され、時に産業政策の方向転換等にも言及することがあるので、注目を要します。

④　重要産業政策

――農業はじめ、自動車、鉄鋼、電子情報、物流、紡織、装置型製造業、非鉄金属、軽工業、石化、船舶等国の重要な産業について個別に主務官庁が起草し、国務院が採択して公布されます。市場等の情勢の変化に対応して、内容の見直し、修正が加えられ、「新〇〇〇産業政策」として公布されるので、常時フォローが大事です。現在の第一二次五カ年計画では、国が振興に注力する「戦略的新興産業政策」が提起され、今後個別にそれらの産業政策が公布されることになっています。この方面の対中投資に関しては中央・地方政府の積極的支援が期待できます。現在知らされているのは次の七分野です。新エネルギー、省エネ・環境、新素材、新医薬、生物育種（バイオ）、情報ネット（ＩＴ）、新エネルギー自動車。

⑤「外商投資産業指導目録」
――一九九五年六月、外資導入政策にかかわる産業政策として「外商投資方向指導暫定規定」と「外商投資産業指導目録」が制定されました。後者では奨励、制限、禁止の業種が記載され、記載のない業種は一般許可業種といわれます。これまで数次にわたり改定され、最近では二〇〇七年版が改正され、二〇一一年一二月二四日公布、二〇一二年一月三〇日に施行されました。対中投資に際しては、投資する業種が奨励か制限か禁止か必ず照合すべき目録です。

⑥その他「中央経済工作会議」(毎年一二月頃開催)、「全国金融工作会議」(五年に一度一月頃開催)での総理報告は、全人代を前にした経済産業政策や金融政策の総括と会議以降の方針が語られる重要演説です。対中投資に際しては、これらの報告による政策方向転換の節目をとらえて、申請準備を行うなどの活用が考えられます。

(2) 中央や地方の関係行政機関へのヒアリング

中国事業戦略検討に際しては、現時点での上記中長期あるいは短期の政策運営方針について、関係行政当局にヒアリングする必要があります。行政機関内部で関係規定の制定や改定を検討している場合、外国人に対しては決して事前に語られることはありませんが、親しい間柄であればニュアンスが伝えられたりすることがあります。

行政のOBが多く勤務している関係業界団体へのヒアリングも、民間団体ゆえに行政機関よりもはっきりしたニュアンスや内容が語られることがよくあります。あるいは同業の中国企業に対する政策運営の実体を知ることで、当方の中国事業戦略立案に参考になる情報が得られます。

同じ政策でも、経済規模の大きい省や大都市、内陸地区、東北地区など地方・地域によって外資優遇等の政策運営方針が異なるケースがよくありますので、中国事業の進出地域の選定や営業戦略展開地域の選定にあたっては、地方の関係行政機関へのヒアリングは欠かせません。

(3) 中国の業界動向や市場動向調査

中国事業戦略は究極のところ、いかに中国市場を攻略するかということですから、中国市場で戦う中国企業や外資企業の動向を掌握することの重要性はいうまでもありません、同様に市場調査を行い商品戦略や営業戦略を検討することも重要です。

その際いつも遭遇するのは、信頼できる外部の調査機関（日本・中国・欧米系を問わず）があるかという問題です。中国で入手できる行政機関発表のデータ類は、全国共通ただ一種類ですから、これらのデータを収集・編集する限り、調査機関の質の差はないといえます（よく「当社は特別のコネ、ルートで入手する他社にないデータや情報を駆使してレポートをつくる」といったセリフを聞きますが疑わしいです。当局には公開するデータや情報のスクリーニング機関があり、ここのチェックを経たものが公に出る仕組みですから、基本的には公開データ・情報は共通です)。ポイントは経験とノウハウを積み、足を運んでヒアリングできる企業や行政機関をどれだけ広くカバーしているか、最新の企業の動き、市場の特色を視察と面談でどれだけ深く把握できるか、それらのデータ情報を自ら分析する能力をどのくらい磨きあげているかではないでしょうか。

したがってこれらの調査に際しては、当該業種のプロである自社社員が一緒に調査活動に参画できること、調査機関の活動をいつもチェックできる状況にあることが大事な条件です。手の内を知られたくない調査機関は、これらの条件を拒絶する傾向がありますので、選定に際してはよく比較検討する必要があります。

2 中国事業推進の組織体制、人材配置

(1) 本社サイドに中国事業推進の司令塔設置

すでに中国進出歴一〇年から一五年以上の大手企業の場合、その時々の必要性に迫られて相当数の事業が中国展開していると思いますが、大きい会社ほど各事業部門の独立性が強く、全体的

に中国事業を統括する組織ができていないケースが多くみられます。

また社内のある事業部門の成功例や失敗例が他の事業部門と情報共有ができていないケース、同じ事業部門でも進出当初のトラブル処理について、当事者が定年で退職していたり、記録の管理がずさんだったりして、ノウハウが蓄積されていないケースがよくあります。しかも今後ますます中国事業のウェイトが高まる可能性が大きいわけですから、全社的に整合性のとれた中国事業戦略立案は急を要します。

またこれまでは加工輸出型にしろ、中国国内販売型にしろ、沿海地区での展開が中心だったと思いますが、これからは投資環境や市場に関する情報が少ない中西部の内陸地区や東北地区への展開の可能性も大きくなっていますので、それらの情報を社内で共有化、一元管理する必要もあると思います。

したがって本社に中国事業戦略を考えたり、中国事業を推進する「司令塔」的専門組織を立ち上げるべきと考えます。「中国事業戦略会議」「中国事業推進委員会」といった名称で全社横断的組織とし、責任者は各事業部門を説得できる代表権をもった社長、副社長クラスが相応しいと思います。

常設機関ですから、たとえば「中国委員会」「中国室」といった専門の事務局組織も必要となります。実質的に中国事業戦略を考える重要組織ですから、事務局のトップは会社の事業全般の知識と経験のほか、中国駐在経験も含めて中国に関する知見を有すること、あるいは中国事業に積極的に取り組む姿勢が条件で、中国語も理解できる相応の数と質を備えたスタッフも必要となります。

定期的に会議を開催し、構成員は本社各事業部門の課長クラスおよび中国現地法人（都合によってはテレビ会議）の営業部門、管理部門の課長クラス（ただし、日本人、中国人を問わず公平を旨とする）で、実務的議論に徹すること、議事録は必ず経営トップ、関係役員、関係事業部門長に回覧するといった目配りが必要です。

一つご留意いただきたいことは、本社司令塔は中国現地法人の管理ではなく、支援・協力を旨とし、現地法人を励まし続けること、現地法人が何でも本社司令塔に相談できる関係をつくりあげることが大事です。

(2) 中国現地には権限ある人材配置

中国現地には、事業規模とコストパフォーマンスを考慮したうえで、中国現地法人全体を統括する組織（投資性公司、地域本部、管理性公司等）を設置し、できれば代表権等の権限を有する責任者を配置する必要があります。

当該責任者はたとえば社長直轄で思い切った権限を与えられ、スピード感をもって現地で判断を下せることがポイントです。ここでも統括組織は現地の傘下企業の管理ではなく、支援・協力を旨とし、何でも相談し合える関係をつくりあげることが大事です。第6章「現地法人の運営」にもあるように、傘下企業の駐在責任者は日夜いろいろな問題に遭遇しながら奮闘しているわけですから、彼らに対する統括責任者の思いやりと支援・協力の姿勢はとりわけ大事ではないかと思います。

ここでも一つご留意いただきたいことは、中国事情が複雑かつ変化が速く、本社や現地統括会社の対応が迅速性に欠ける事態が起こりやすいこともあり、現地統括責任者や傘下企業の駐在責任者の言動が、本社方針や上部組織の方針と乖離が生じやすくなりがちなのが、中国ビジネスの特徴です。これは絶対に回避すべき事態です。組織運営のルールとコンプライアンスの遵守は企業経営の鉄則です。現地視察も含め本部と現場のコミュニケーションが大事です。

3　中国事業拡大のヒント

(1)　中国企業との連携による営業開拓

中国の経済発展とともに力をつけてきた中国の新興企業との連携の可能性が大きくなっている点に注目していただきたいと思います。たとえば太陽光発電のいくつかの大手メーカーは、いまや太陽光発電のパネル生産高では世界有数の規模に達していますが、天候に左右されやすい太陽光発電では蓄電等の周辺技術習得が経営課題の一つです。

また大型国有企業の経営多角化に対応して、日本企業の商機拡大の可能性が大きくなっています。たとえば製鉄分野の大型国有企業では、その建設部隊が主力の製鉄所建設需要が従来ほどの規模が見込めないことから、大量の技術者と従業員を抱え、事業多角化を模索しているということです。また北京市など大都市の水処理大手も全国的に都市化が進むなかで、新たな都市インフラ建設分野への事業拡大を模索していると思われます。これらの大型国有企業は、大都市の生活ゴミ焼却炉の建設や生活ゴミ焼却運営受託業務への多角化を目指しています。人口大国中国では、発生する生活ゴミの量も日本の比ではありません。

また粗鋼生産能力七億トンに達した中国では、国有大型製鉄所は、今後は生産能力増強よりは、自動車、家電向けの高張力鋼板など高付加価値製品の製造技術や、省エネ・環境対策技術の習得を目指して、外資との連携を模索しているということです。中国最大の鉄鋼メーカーの前会長は、日本の省エネ・環境対策では最新鋭の火力発電所を視察した折に、発電所の運営会社の社長に対し「鉄鋼業は今後量よりも省エネ・環境に力を入れなければ評価されない」と語っています。

以上のように、中国の新興企業や大手国有企業の経営課題に対応できる技術を有する日本企業にとっては、中国事業拡大のチャンスが大きくなってきているのではないかと考えます。

(2) 技術移転や技術協力による合弁事業検討

日本は世界有数の技術立国で、その技術力には定評があります。たとえば第一二次五カ年計画にある「戦略的新興産業政策」対象業種のいくつかの分野では、当該技術を有する日本企業に盛んに秋波を送ってきています。

対する日本側は、長年研究して到達した高度技術の商品化はまだ中国では早すぎて需要は見込めない、まず日本で生産を始め、創業者利得を享受したいと考えています。これははたして正解か、若干の疑問を感じます。高度技術の商品化はまだ中国では早すぎる、そのような高級品の需要はまだ中国では見込めないという考え方は、もはや時代錯誤かもしれません。ある分野では日本を飛び越えて大きな需要をつくりあげている例はたくさんあります。さらに、日本で創業者利得を得ても、その数量や金額はどのくらいの規模になるでしょうか。もしも中国で商品化してヒットした場合（ヒットの確率はいまや日本と中国に差はないと思います）、売上単価は日本より低くとも売上げの数量と金額は日本の数倍以上の規模になり、仮に出資比率五〇：五〇の合弁会社で製造するとすれば、日本側が連結決算で取り込む売上高と利益は、日本の創業者利得をはるかに上回る計算になる可能性があります。

もちろん、技術漏洩などの知的財産権問題の厳格な対応が前提となりますが、中国は市場が求めるハイテク技術は、やがては中国に導入するか開発に成功しているのが多くの事例で証明ずみです。ある程度のリスクテイクを覚悟のうえで、むしろ中国市場を押さえて売上げ、収益の連結決算寄与を目指すべきではないかというのが私の考えです。

(3) 中国の「走出去」（海外進出）政策に対応する日本での連携

豊富な外貨保有を背景に、海外市場拡大と技術取得を目的に、中国政府は「走出去」と称する中国企業の海外進出を奨励しています。

形式は買収、出資参加、合弁設立等いろいろですが、その投資金額は金融を除いて二〇〇九年四三〇億ドル、二〇一〇年五三九億ドルのレベルで、二〇一一年六月末累計で三二一九億ドルに達しています（中国の海外からの直接投資累計額は二〇一一年六月末一兆五八三八億ドル――いずれの数字も中国商務部）。まず日本での合弁等で中国企業の実力、特色、経営者の手腕と質を見極めたうえで、中国での合弁の可能性を模索するのは、手堅い新しい対中投資のアプローチ方法ではないでしょうか。

4　中国における人脈構築のヒント

よく「中国ビジネスでは人脈がものをいう、人脈が大事だ。中国はまだまだ人治国家だ」といわれます。私もあえて否定はしません。たとえば「外商投資産業指導目録」で制限業種に指定されている許認可のむずかしいプロジェクトも人脈をたどれば許認可が得られるとか、中国事業で遭遇したトラブルも人脈があれば解決できるといわれます。ところが現実は許認可に二～三年や数年を要しているプロジェクト、解決に相当のエネルギーと資金を要するトラブルは枚挙にいとまがありません。私は人脈はないよりはあったほうがいい、人脈はある課題や問題に取り組むのに必要なキーパーソンを回り道せずに紹介してもらうのに役に立つ、しかし課題や問題を解決できるかどうかは、ひとえにわれわれ当事者がかかるキーパーソンをどれだけ説得できるか、当方の力量にかかっていると考えます。

一方、中国事業戦略立案にあたっては、中国の政策動向や業界の動向、市場の動向の把握が重要で、そのためには、中国の政策立案や事業の許認可等に関与している行政当局や監督官庁あるいはそれらの動向に詳しい業界団体、関係学会、行政機関に必ずある直属のシンクタンク等との交流は、公表されている法律、データ、情報のねらいや背景等を知るうえで、おおいに役に立つことはいうまでもありません。これらの機関や組織との交流によって、いわゆる人脈が構築されていくわけです。

許認可のむずかしいプロジェクトを計画する段階から、許認可を得られる可能性や、許認可を得るために備えるべき条件、アプローチ方法についてアドバイスをしてもらうとか、アドバイスをしてくれるキーパーソンを紹介してもらえるのが人脈です。

昨今、大手・中堅企業の経営者から「中国事業を再構築し積極的に中国市場を攻略しようと考えた時に、自社のこれまで培ってきた人脈が定年による引退などで途切れたりしている。中国人脈も再構築したい」という話をよく耳にします。

ここでは、中国におけるオーソドックスな人脈構築のヒントをこれまでの経験をもとに述べてみたいと思います。中国人脈のポイントは、トップ交流と中国人材育成協力にあると思います。

(1) トップ交流

事業家であれば、中国の投資環境や中国市場の最新の動向を直接自分の肌感覚で認識することが大事であることは論をまたないところですが、そのためには最低年に一～二回は訪中し、自社の中国工場視察や合弁パートナー、関係行政当局訪問、中国市場視察をしていただきたいと思います。私はこれを「定例訪中」と呼んでいることは、すでに述べさせていただきました。

逆に中国側関係者——合弁パートナー、進出先地方政府関係者等——が来日したときに、自社訪問を要請し、工場や研究所を視察してもらい意見交換を重ねることも、重要な交流となります。これらの交流の積上げが、人脈構築の基本だと思います。

定例訪中で訪れていただきたい先は、自社工場（事務所）や合弁パートナーはもちろんのこと、進出先地方政府（市長もしくは副市長）、業種監督部門、業界団体（たいていは北京にある）、関係学会、行政機関直属のシンクタンク等が考えられます。

業界団体は監督官庁のOBがトップに赴いているケースが大部分ですので、監督官庁との人脈づくりにも役に立ちます。現役時代親しかった要人が業界団体で勤めているときは、毎回でなくとも一～二年に一回くらい訪問すれば歓迎されます。現役時代人望の厚かった人は、もとの職場にも子飼いの優秀な職員がおり、情報収集や人脈構築の面で協力してもらえるケースがよくあります。

関係学会も中国の関連最先端技術水準の把握に役立ちます。学会が主催するシンポジウムやセミナー企画の相談や基調報告・パネラー参加の要請がありますが、積極的に協力すべきだと思います。会長、社長自ら参加すればベストですが、都合がつかない場合は、事情、テーマについて詳しい自社の高位の役員が協力すれば中国側は十分満足します。

地方政府、監督官庁等で交流した要人が異動した場合は、人望のある人、信頼できる人は極力フォローすることをおすすめします。年齢が五〇代前半であれば、まだまだ活躍が期待できる年齢ですし、また前の職場に息のかかった有力な後継者を残しているケースもあり、新しい人脈構築にもつながります。定年で現役を引退した要人も、引退後五〜一〇年は自分の得意とする分野には育成した後輩や部下がいて広範な人脈を形成しています。したがって引退した後も交流を続けることで、それらの後輩や部下との人脈にもつながることになります。何よりも、それらの後輩や部下が「自分の尊敬する先輩、上司をいつまでも大切にする日本人、日本企業」と評価してくれて、非常に親しみを感じてくれること、請け合いです。

弊行元経営トップは北京に行くと、改革・開放派の頭目と目される八〇歳台の元副総理とお会いして会食しておりましたが、その時は必ず後輩の金融・経済担当副総理も同席されて、結果として現役の副総理とも会談、会食が実現しておりました。これには経緯があって、改革・開放スタートまもない一九七〇年代末から一九八〇年代にかけて、中国は国の経済運営なかんずく金融政策について経験が乏しく、よくそれらの課題について中国語によるレポート作成と説明を要請されましたが、弊行は迅速に銀行の調査部（マクロ経済担当）や産業調査部（ミクロ経済、産業調査担当）の組織を動員して日本の成功や失敗の経験を丁寧に説明していたことが、中央要人の信頼を得ることにつながったものと思われます。

中央や地方の政府、監督官庁等の高官、要人と交流が深まると、中国側からいろいろ宿題や頼みごとが出てきますが、これは親しくなれた証拠でもあり、また中国側が考えている問題意識を知る手がかりでもあります。また中国が内部で検討中の政策課題を推察する貴重なヒントにもなります。

すでに、第8章「役員訪中成功のために」でも、中国の行政のトップとの交流で出された宿題の事例に触れておりますが、最近でも弊行トップが中国の政府機関トップと会談した折に、たとえば「世界経済の構造変化と日本産業の成長戦略」とか「中国の自動車産業、造船業および再生エネルギー関連の産業構造発展と将来見通し」といったテーマのレポートの要請を受けています。レポートの際の質疑応答を通じて中国側の問題意識を知ることができます。

あるいは二〇一一年三月一一日の大震災後の復興計画に関して、技術力のある自動車部品や電子部品の中堅、中小企業を中国に呼び込む可能性について、ある沿海都市の商務部門からヒアリングを受け実現のための協力要請を受けたり、中西部の有力都市から日本での初めての企業誘致説明会開催の協力要請を受けたりしております。われわれは、これらの要請に対する協力が日中双方の企業や行政にとってウィンウィンの関係に作用する可能性があれば、積極的に協力して新たな人脈や関係構築につなげたいと考えるわけです。

(2) 中国産業金融セミナー、研修会

中国との人脈構築に大きな役割を果たすのは、関係行政当局や業界の若手人材育成への協力です。

弊行は一九七九年以来中国の要人からの提案を受けて中国の金融界や主要産業界の若手を対象に「中国産業金融セミナー」を毎年東京で開催し続けています（現在は「みずほ金融セミナー」）。日本の主要産業界の現状と見通しのレクチャーと工場見学、金融や財政に関するレクチャー等を中心に、行内外の有識者を講師に招き一週間から一〇日間研修会を開催しています。天安門事件の年も休まず毎年続けているのが他社にない大きな特色で、この点は中国側からも高い評価を受け、すでにセミナー卒業生は一〇〇〇名を優に超えていて、金融界、産業界との人脈構築の大きな助けにもなっています。

新しく交流を始めた行政機関からも提案があれば、当該機関のみの研修会を数年続けて開催し

ているケースもあります。たとえば某沿海都市の農業委員会向け「産業・金融セミナー」も開催しておりました。これは日本企業の工場立地に都市郊外の大型開発区を選ぶケースがありますが、当該市の対外経済貿易部門の幹部の方から、「郊外の開発区は農業委員会が所管している。農業委員会との人脈は日本企業進出サポートに大変有効である」との提案を受けて、数年間実施しました。セミナー生からは当該市農業委員会主任や各区の農業委員会主任や副主任、幹部を輩出しています。ある沿海大都市の計画委員会からもセミナー開催の提案があり、これを実施したところ、当時若手だった十数名のセミナー生の団長が現在は当該市発展改革委員会の副主任（委員会のナンバー2）になっていて、これも業務遂行上、有力な人脈になっています。

中国の国有大手メーカーの女性副総経理から呼出しがありました。同氏は清華大学土木系卒業のエンジニアです。お会いしてみると「はからずも副総経理に就任した。これからは経営全般にかかわることになる。金融、財務の勉強をしたいので協力してほしい」との要請で、早速その年の中国産業金融セミナーにご参加いただき、感謝されました。同氏は企業集団の董事長まで昇りつめ、弊行のセミナーにはほぼ毎年研修生を出していただいています。また企業集団の財務公司設立にあたっては自分が育てた人物をトップに据えて、われわれの銀行も当該財務公司とは親密な関係をつくりあげています。この事例は、そもそも当該メーカー立ち上げ時に、弊行トップが銀行団協調融資の幹事として、工場建設の起工式に参加したり、完成後の竣工式に参加した際の同社トップとの交流が人脈形成のきっかけとなり、人材育成協力が人脈構築に役立った一つの具体例でもあります。

ちなみに一九七九年の第一回中国産業金融セミナーの団長は八〇歳を超えた現在も壮健で、中国金融界の大御所的存在になっていて、必要なときには中国業務推進上の意見やアドバイスをいただける関係ができています。

このように日本でのセミナーや研修会による人材育成協力は、文字どおり人脈形成には大変大きな効果をもたらすものではないかと考えます。

以上、弊行の経験の一端を述べましたが、他業種においても、たとえば有力物流会社が中国交通部との間で、有力会計事務所が財政部との間で、いずれも二〇～三〇年の研修の歴史を刻んでいるなど、それぞれの会社で地道に人材育成協力を実践していて、当該業種での強力な人脈形成に役立っているということです。要は、研修を通じて人脈構築するポイントは、中国側からの人材育成にかかわる提案には積極的に対応することと、可能な限り長期間継続することだと思います。人脈をつくる最初のきっかけは、日本の業界団体や金融機関主催の訪中団に参加する、商品展示会に本社役員も参画し展示会主催団体を通して関係行政機関との接触を試みる、現地駐在員（現地法人駐在責任者も含む）がいれば、関係要人の訪日情報をできる限り事前につかみ、来日の際の本社役員トップとの面談、会食を申し入れる、日本の取引金融機関に紹介・協力を要請するなど方法はいろいろ考えられます。面談の際は単なる表敬ではなく目的をはっきりもったうえで、中国側の問題意識にマッチする、あるいは有意義と思われるような提案や資料を準備して対応することが、次の会合・面談につながるポイントです。

5 中国マーケットの一考察

最後に、中国マーケットについて私見を述べてみたいと思います。

(1) 日本は地政学的に優位

中国マーケットは日本にとって重要なマーケットであることは申し上げるまでもないことです。しかし日本は欧米に比べて地政学的に格段に優位な位置にあることをあまり認識できていないきらいがあります。上海で、ある石油化学の日・欧・中合弁プロジェクトに携わっていた時、スイス人のビジネスマンが「日本や日本人はうらやましい」といいました。理由は

① 中国に三時間で行ける。われわれヨーロッパ人は一日かかる！

② 言葉が同じ（私がいくら違うといっても「同じように聞こえる」といいます。彼にとって中国語

はチンプンカンプンの世界のようです)。

③　生活習慣が日本と中国は似ている。一日三回、一年三六五日はしを使う習慣は、われわれヨーロッパ人にはストレスだ。

ということです。そして、日本側のビジネスマンに対して「工場立地は自分のワイフが決める。口出ししないでほしい」といいました。工場立地が決まれば、彼は奥さんに場所を告げて同行を打診します。奥さんが「そんな場所には住めない」といえば、彼は離婚するか会社を辞めるしかないという、半ば冗談のような本気の話でした。

(2)　調査は長期滞在が必須

しかしそうはいっても「中国は簡単なマーケットではない」ということです。もちろん外国はいずこも簡単でないことは当たり前のことです。

したがって中国進出にあたっては特に入念な事前調査が必須です。さらに中国進出はいくら本を読み、話を聞いても、実際にやってみないとわからない、手ざわり感がつかめないことがたくさんあります。「小さく生んで大きく育てる」のが大事な一つの理由でもあります。

マーケット調査、特に個人消費につながる分野での調査にはどんな注意が必要でしょうか。出張ベースの調査では不十分で、できる限り長期に滞在して詳しい調査を行うべきと考えます。時刻、曜日、季節、家庭や社会の行事、風俗習慣、地方特性等による購買動機や消費行動をつぶさに観察することで、より的確な商品戦略、営業戦略が立案できると思います。

さらに、他業種、他地域、他の種類の商品の観察・調査も長期滞在によって可能となります。比較検討や他社の工夫はおおいに参考になります。

(3) 中国人職員の育成・教育

中国マーケット攻略の要は中国人職員の育成・教育ですが、これには理由があります。それは、中国でいろいろ情報収集するときには、中国人個人や中国企業、中国行政当局にヒアリングするわけですが、中国人がヒアリングする場合と外国人のそれでは情報量に差が出ます。中国政府の情報管理の詳しいシステムはわかりませんが、少なくとも外国人との接触において「外事紀律」というのがあって、外国人にしゃべってはいけない事項、やってはいけない行動が細かに決められているようです。違反すれば「外事紀律違反」に問われます。

中国共産党の人事情報、共産党の組織活動の情報、行政機関内での外国人との単独面談、外国出張したときの単独行動等いろいろあるようです。したがって外国人の情報収集にはおのずと制約があります。中国人同士は国家機密以外は何を話題にしても原則自由ですから、いろいろな情報収集が可能です。

また、中国マーケットを攻略するには、中国人の感性や中国市場の特性に精通する必要がありますが、外国人には大きなハンディキャップとなります。

これらの理由で中国マーケット攻略には、中国人職員の育成が不可欠となります。

(4) 中国経済を考えるポイント

① 中国経済は一人当りや比率だけでなく、実数で把握する必要があります。数量や規模の大きさが実感できます。一人当りは一三億で割るわけですから、どうしても小さくなります。普及率等も母数が大きいので小さい数字になりがちです。

② 中国経済や市場は、成長・変化の過程としてとらえ、先を見通す感を培うことが大事です。中国は変化のスピードがダイナミックで速いこと、薄型テレビや携帯電話の普及台数等いったん伸び始めると加速度的に拡大し、日本のレベルをあっという間に飛び越える一足飛び現象がその理由です。

③ 最後に第8章「役員訪中成功のために」でも述べたとおり、経営者には毎年一～二回訪中して「定点観測」をしていただいて、中国経済、中国市場のダイナミックな動きと変化を自分の眼で確かめていただきたいと思います。二～三年前や一～二年前の見聞で判断するのは間違いのもとです。

中国事業に携わる関係者にはぜひ一度は中国視察をしていただきたいと思います。「百聞不如一見」（百聞は一見にしかず）です。

あとがきにかえて

対中投資のキーワードは「共存共栄」

すでにいくつかのキーワードは本文のなかで触れさせていただいております。すなわち、対中投資の基本的スタンスは「小さく生んで大きく育てる」「最初は最も得意とする製品・分野から始める」、中国事業成功の鍵は「現地化」、中国事業に携わる人材の要件は「さんま」（まじめで、まめで、がまん強い人）、パートナーや取引先、従業員との関係緊密化のポイントは「雪中送炭」、経営トップの中国理解を深める手立ては「定例訪中」「定点観測」等々です。

私は究極の対中投資のキーワードは「共存共栄」だと考えております。日本と中国は一衣帯水の隣国といわれるとおり、経済面では共存共栄の観点に立ちやすい関係にあります。日本は資金は豊富（債権国）で、技術・設備は世界の一流水準にありますが、資源はなく、市場も成熟・飽和状態で大きな伸びは期待できません。少子高齢化がこれに輪を掛けています。一方の中国は基本的には資源は豊富で市場は二桁で伸びているものの、資金は、日中投資促進機構と中国側中日投資促進委員会との合同会議で中国の要人が「今後一〇年間でインフラ整備に一兆ドルの外貨が必要」と訴えたくらい、いくらあってもありすぎることはない状況（対外債務七〇〇〇億ドル弱)、一部先進的分野はあっても多くの分野で技術も設備も発展途上国の水準というのが実情です。

現に中国は二〇〇六年からスタートした第一一次五カ年計画の柱ともいえる省エネや環境保護の面で、世界最高水準の日本の技術協力を熱望しておりますし、日本も官民あげて協力体制をつくりあげようとしています。二〇〇五年七月に北京で開催された日本鉄鋼連盟と中国鋼鉄工業協会の日中鉄鋼業環境保全・省エネ先進技術交流会では、継続的な交流の実施を謳った覚書を取り交わしました。二〇〇六年五月東京で日本の経済産業省や中国の商務部などの主催で開催された「第一回日中省エネルギー・環境総合フォーラム」には、日本の経済産業大臣、環境大臣、中国の商務部長、国家発展改革委員会副主任等政府関係者、日中の企業関係者など約八〇〇人が参加しました。この会合はその後、毎年日本と中国で交互に開催され、省エネ・環境保護方面の日中経済協力の大きな柱となっております。二〇一〇年五月には、日本の経済産業大臣と中国の国家発展改革委員会主任の間で「日中省エネルギー・環境総合フォーラムの定例化に関する覚書」が締結され、二〇一一年も、一一月二六日から第六回フォーラムが北京で開催されました。

ところで「共存共栄」というのは対中投資という経済活動のみならず、広く日中関係全般を考えるときの基本的スタンスでもあることを先人の言葉は教えています。

多少長くて恐縮ですが次に引用するのは、日本国際貿易促進協会の機関紙「国際貿易」の〝今日の話題〟に「共存共栄」と題して寄稿した私の小文です。

新聞社の講演会に招かれ、青森県三沢市古牧温泉に出向いた。古牧温泉の先代社長が渋沢栄一邸に書生として住み込み、孫の敬三に秘書として仕えた縁で、広大な敷地内には渋沢栄一資料館や、敬三の指導で収集した民具の展示館がある。栄一は幼少の頃から論語を学び、孔子を生んだ中国を偉大な国だと尊敬していたということを、元中学校長の館長が熱っぽく語り、私はおおいに刺激を受けた。

渋沢栄一は、第一国立銀行、王子製紙等五〇〇社近い株式会社をつくり日本の近代経済社会の基礎を築いたが、代表的著作『論語と算盤』にみられるごとく、その経済活動の規範を論語に求めた。

「真に国の発展を望むなら国を富まさねばならぬ。国を富ますには科学と商工業の活動によらねばならぬ。商工業によるには株式会社が必要だ。株式会社を経営するには強固な道理によらねばならぬ。道理の基準は論語によるほかない」、これがいわゆる「道徳経済合一説」である。彼はまた福祉、教育、国際親善にも大きな足跡を残した。

渋沢栄一の対中姿勢は、将来の中国市場をめぐるアメリカとの競合を予測しつつ、日中の経済的連携で共存共栄を図ることにあった。一九二〇年八〇歳で日中実業家の連携のための「日華実業協会」を設立し会長に就任する。翌年の総会では、中国の政治的安定を実現するため、日本は確固たる対中方針を打ち立てるべきこと、中国自身の問題は中国人自身に対処させるべきこと、日本は常に中国の友邦として終始一貫変わらぬ関係を維持すべきこと、したがって日本は多少の犠牲を忍ぶも進んで中国を援助すべきことを謳った建白書を原敬首相や外相、陸相に建議している。

そして一九二二年の『竜門雑誌』三九八号で栄一は述べている。日中両国は親善関係にあるべきことは、古い歴史的関係からも、両国の位置関係からも論をまたない。実業界も政治のやり方が悪かったために親善ができていない。もちろん中国人のやり方も満足できない。しかし、日本と中国との現今の国情、文化の程度は大分差異がある。日本および日本人は常に彼らに対し同情の念をもって臨まねばならない。孔子がいった「恕」の一字が最も大切である。己の欲せざるところを人に施すなかれである。

当時の中国をめぐる世界情勢と現在のそれが異なることはもちろんであるが、孫文からも慕われ、アメリカ人からも「グランド・オールド・マン」と呼ばれていた渋沢栄一の言葉は、現在の日中関係打開のヒントである。出でよ、平成の渋沢栄一！

いまから九〇余年前、日本経済の基礎をつくりあげるという志に燃え、八〇歳になってもなお財界活動に身を削り、「中国自身の問題は中国人自身に対処させるべきこと」として時の首相や外相、陸軍大臣にまで内政不干渉の建白書を出すというのは、当時の世相からみて、おそらく命がけの決意を要したことは想像にかたくありません。

さらに晩年の彼は、米国との親善関係が最も重要であるとして訪米を重ね日米親善（青い目の人形は彼の発案）に尽くし、なおかつ中国、ロシア、インド等との親善交流にも意を用いるなど、実にバランス感覚に優れた経済人でありました。現在にも通じる加工貿易立国日本のあるべき姿の反映でもあり、物の考え方ではないかと思うわけでもあります。

経営の神様と尊敬されている松下幸之助氏は、一九七八年中国の鄧小平副総理が来日した折、本社工場見学を案内した縁で、一九七九年、一九八〇年生涯二度訪中しています。鄧小平副総理の招きで初訪中した感想を日本経済新聞の対談の最後で次のように述べておられます。

中国というのは単なる国ではなく、小世界ですよ。一〇億の国民がおり、資源も豊かにある。しかし、まだ開発されていない。一〇億の民を養うための耕地を開発しなければならないし、石油資源も開発しなければならない。中国という小世界が豊かになると、他の世界が潤う。日本も潤うんですよ。大きくいえば、中国を繁栄せしめることが世界を富ますことになる。だから日本をはじめ世界の先進国は、中国を援助しなくてはならんのです。中国へ投資しても、すぐには利益にならんといった議論もありますが、そういうことを言ってはいかん。これは先行投資なんですよ。かりに中国が行きづまったら、世界にその波紋がでてきますよ。

松下幸之助氏の経営哲学の真髄は「事業は人なり」「従業員を信頼する」（従業員を大切にした同氏は従業員一万五〇〇〇名の署名で戦後の公職追放を免れています）、「松下電器は何をつくっている会社かと聞かれたら、人をつくっているところ、しかる後に電器製品もつくっていると答える」という言葉に言い尽くされていると思います。初訪中当時、教育と科学技術担当副総理の鄧小平氏とはおおいに話が弾んだことと思います。ちなみにパナソニック本社講堂の向こう正面の壁には、「共存共栄　幸之助」という松下幸之助氏直筆の大きな額がかかげられています。

いまや日本と中国の緊密な関係はいろいろな数字で説明されています。人の往来は年間約四〇〇万人、特に日本人は毎日一万人が往来しています。二十数年前の往来は年間一〇万人でした。

日中貿易は、一九七二年の日中国交回復時はわずか一一億ドル、二十数年前は一〇〇億ドル台でしたが、二〇〇二年には一〇一六億ドル、二〇一〇年は三〇〇〇億ドルを突破した状況をみますと日中貿易に携わる関係者にとって感慨深いものがあると思います。日本のバブル経済崩壊後の立直りが中国特需に負うところ大というのも決して大げさな表現ではないと思います。

対中投資も最近は年間五〇億～六〇億ドル、累積で七九〇億ドル、現地法人の収益による再投資を含めるとさらに大きな累積額になり、中国にとって日本は香港に次ぐ大きな直接投資受入国になっています。中国の日系企業は三万社、商務部長の発言によれば日系企業の従業員数は間接雇用も含めると一〇〇〇万人を超えているそうです。

対中投資は、日本からみれば低コスト生産拠点、輸出拠点として国際競争力向上を目指す必然の策であると同時に、中国という大きなマーケットへの進出の足がかりでもあります。中国からみれば、雇用創出と所得水準の向上、技術導入、国際競争力強化、輸出拡大、外貨獲得、インフラ整備……と連なる経済・社会発展を支える重要な鍵でもあります。

一九八九年天安門事件の時、ＮＨＫの日曜討論で「中国は崩壊する」と論陣を張った学者や評論家が、いまだに「中国は崩壊する」と不毛な議論を繰り返してはばからないのは嘆かわしいと私は思います。仮に中国が大きな混乱に陥ったら、日本も相当な困難に直面する現実をどう考えているのでしょうか。

たしかに中国にはさまざまな困難があり、発展に伴う新しい課題が次々に表面化しています。われわれはそれらの困難や課題の解決に協力し、中国の安定と繁栄を実現することが、ひいては一衣帯水の隣国日本にとっても国益にかなうことであると考えるのが正常な物の考え方ではないかと思う次第です。

日常のビジネス、経済活動ではすべてが共存共栄というわけにはいかず厳しい競争にさらされる場面も少なくありませんが、広い国土、一三億の人口、一人当りGDPが五〇〇〇ドルを超えた（二〇一一年の国家統計局速報五四三二ドル）発展途上の活気あふれる隣国中国では、いろいろな可能性が考えられます。

時々は先人が語られた「共存共栄」の原点に立ち返って対中投資のあり方を考え直すことも、子々孫々の友好につながる日中関係構築のために大切なことではないでしょうか。

日本国政府と中華人民共和国政府の共同声明

日本国内閣総理大臣田中角栄は、中華人民共和国国務院総理周恩来の招きにより、千九百七十二年九月二十五日から九月三十日まで、中華人民共和国を訪問した。田中総理大臣には大平正芳外務大臣、二階堂進内閣官房長官その他の政府職員が随行した。

毛沢東主席は、九月二十七日に田中角栄総理大臣と会見した。双方は、真剣かつ友好的な話合いを行った。

田中総理大臣及び大平外務大臣と周恩来総理及び姫鵬飛外交部長は、日中両国間の国交正常化問題をはじめとする両国間の諸問題及び双方が関心を有するその他の諸問題について、終始、友好的な雰囲気のなかで真剣かつ率直に意見を交換し、次の両政府の共同声明を発出することに合意した。

日中両国は、一衣帯水の間にある隣国であり、長い伝統的友好の歴史を有する。両国国民は、両国間にこれまで存在していた不正常な状態に終止符を打つことを切望している。戦争状態の終結と日中国交の正常化という両国国民の願望の実現は、両国関係の歴史に新たな一頁を開くこととなろう。

日本側は、過去において日本国が戦争を通じて中国国民に重大な損害を与えたことについての責任を痛感し、深く反省する。また、日本側は、中華人民共和国政府が提起した「復交三原則」を十分理解する立場に立って国交正常化の実現をはかるという見解を再確認する。中国側は、これを歓迎するものである。

日中両国間には社会制度の相違があるにもかかわらず、両国は、平和友好関係を樹立すべきであり、また、樹立することが可能である。両国間の国交を正常化し、相互に善隣友好関係を発展させることは、両国国民の利益に合致するところであり、また、アジアにおける緊張緩和と世界の平和に貢献するものである。

一

日本国と中華人民共和国との間のこれまでの不正常な状態は、この共同声明が発出される日に終了する。

二

日本国政府は、中華人民共和国政府が中国の唯一の合法政府であることを承認する。

三

中華人民共和国政府は、台湾が中華人民共和国の領土の不可分の一部であることを重ねて表明する。日本国政府は、この中華人民共和国政府の立場を十分理解し、尊重し、ポツダム宣言第八項に基づく立場を堅持する。

四

日本国政府及び中華人民共和国政府は、千九百七十二年九月二十九日から外交関係を樹立することを決定した。両政府は、国際法及び国際慣行に従い、それぞれの首都における他方の大使館の設置及びその任務遂行のために必要なすべての措置をとり、また、できるだけすみやかに大使を交換することを決定した。

五

中華人民共和国政府は、中日両国国民の友好のために、日本国に対する戦争賠償の請求を放棄することを宣言する。

六

日本国政府及び中華人民共和国政府は、主権及び領土保全の相互尊重、相互不可侵、内政に対する相互不干渉、平等及び互恵並びに平和共存の諸原則の基礎の上に両国間の恒久的な平和友好関係を確立することに合意する。
両政府は、右の諸原則及び国際連合憲章の原則に基づき、日本国及び中国が、相互の関係において、すべての紛争を平和的手段により解決し、武力又は武力による威嚇に訴えないことを確認する。
七
日中両国間の国交正常化は、第三国に対するものではない。両国のいずれも、アジア・太平洋地域において覇権を求めるべきではなく、このような覇権を確立しようとする他のいかなる国あるいは国の集団による試みにも反対する。
八
日本国政府及び中華人民共和国政府は、両国間の平和友好関係を強固にし、発展させるため、平和友好条約の締結を目的として、交渉を行うことに合意した。
九
日本国政府及び中華人民共和国政府は、両国間の関係を一層発展させ、人的往来を拡大するため、必要に応じ、また、既存の民間取決めをも考慮しつつ、貿易、海運、航空、漁業等の事項に関する協定の締結を目的として、交渉を行うことに合意した。

千九百七十二年九月二十九日に北京で
日本国内閣総理大臣　田中角栄（署名）
日本国外務大臣　大平正芳（署名）
中華人民共和国国務院総理　周恩来（署名）
中華人民共和国　外交部長　姫鵬飛（署名）

日本国と中華人民共和国との間の平和友好条約

日本国及び中華人民共和国は、
千九百七十二年九月二十九日に北京で日本国政府及び中華人民共和国政府が共同声明を発出して以来、両国政府及び両国民の間の友好関係が新しい基礎の上に大きな発展を遂げていることを満足の意をもつて回顧し、
前記の共同声明が両国間の平和友好関係の基礎となるものであること及び前記の共同声明に示された諸原則が厳格に遵守されるべきことを確認し、
国際連合憲章の原則が十分に尊重されるべきことを確認し、アジア及び世界の平和及び安定に寄与することを希望し、
両国間の平和友好関係を強固にし、発展させるため、
平和友好条約を締結することに決定し、このため、次のとおりそれぞれ全権委員を任命した。
日本国　　　　外務大臣　園田　直
中華人民共和国　外交部長　黄　　華
これらの全権委員は、互いにその全権委任状を示し、それが良好妥当であると認められた後、次のとおり協定した。

第一条

1　両締約国は、主権及び領土保全の相互尊重、相互不可侵、内政に対する相互不干渉、平等及び互恵並びに平和共存の諸原則の基礎の上に、両国間の恒久的な平和友好関係を発展させるものとする。
2

両締約国は、前記の諸原則及び国際連合憲章の原則に基づき、相互の関係において、すべての紛争を平和的手段により解決し及び武力又は武力による威嚇に訴えないことを確認する。

第二条

両締約国は、そのいずれも、アジア・太平洋地域においても又は他のいずれの地域においても覇権を求めるべきではなく、また、このような覇権を確立しようとする他のいかなる国又は国の集団による試みにも反対することを表明する。

第三条

両締約国は、善隣友好の精神に基づき、かつ、平等及び互恵並びに内政に対する相互不干渉の原則に従い、両国間の経済関係及び文化関係の一層の発展並びに両国民の交流の促進のために努力する。

第四条

この条約は、第三国との関係に関する各締約国の立場に影響を及ぼすものではない。

第五条

1

この条約は、批准されるものとし、東京で行われる批准書の交換の日に効力を生ずる。この条約は、十年間効力を有するものとし、その後は、2の規定に定めるところによつて終了するまで効力を存続する。

2

いずれの一方の締約国も、一年前に他方の締約国に対して文書による予告を与えることにより、最初の十年の期間の満了の際またはその後いつでもこの条約を終了させることができる。

以上の証拠として、各全権委員は、この条約に署名調印した。

千九百七十八年八月十二日に北京で、ひとしく正文である日本語及び中国語により本書二通を作成した。

日本国のために　　　　　園田　直（署名）
中華人民共和国のために　黄　　華（署名）

平和と発展のための友好協力パートナーシップの構築に関する日中共同宣言

日本国政府の招待に応じ、江沢民中華人民共和国主席は、一九九八年一一月二五日から三〇日まで国賓として日本国を公式訪問した。この歴史的意義を有する中国国家主席の初めての日本訪問に際し、江沢民主席は、天皇陛下と会見するとともに、小渕恵三内閣総理大臣と国際情勢、地域問題及び日中関係全般について突っ込んだ意見交換を行い、広範な共通認識に達し、この訪問の成功を踏まえ、次のとおり共同で宣言した。

一

双方は、冷戦終了後、世界が新たな国際秩序形成に向けて大きな変化を遂げつつある中で、経済の一層のグローバル化に伴い、相互依存関係は深化し、また安全保障に関する対話と協力も絶えず進展しているとの認識で一致した。平和と発展は依然として人類社会が直面する主要な課題である。公正で合理的な国際政治・経済の新たな秩序を構築し、二一世紀における一層揺るぎのない平和な国際環境を追求することは、国際社会共通の願いである。

双方は、主権及び領土保全の相互尊重、相互不可侵、内政に対する相互不干渉、平等及び互恵、平和共存の諸原則並びに国際連合憲章の原則が、国家間の関係を処理する基本準則であることを確認した。

双方は、国際連合が世界の平和を守り、世界の経済及び社会の発展を促していく上で払っている努力を積極的に評価し、国際連合が国際新秩序を構築し維持する上で重要な役割を果たすべきであると考える。双方は、国際連合が、その活動及び政策決定プロセスにおいて全加盟国の共通の願望と全体の意思をよりよく体現するために、安全保障理事会を含めた改革を行うことに賛成する。

双方は、核兵器の究極的廃絶を主張し、いかなる形の核兵器の拡散にも反対する。また、アジア地域及び世界の平和と安定に資するよう、関係国に一切の核実験と核軍備競争の停止を強く呼びかける。

双方は、日中両国がアジア地域及び世界に影響力を有する国家として、平和を守り、発展を促していく上で重要な責任を負っていると考える。双方は、日中両国が国際政治・経済、地球規模の問題等の分野における協調と協力を強化し、世界の平和と発展ひいては人類の進歩という事業のために積極的な貢献を行っていく。

二

双方は、冷戦後、アジア地域の情勢は引き続き安定の方向に向かっており、域内の協力も一層深まっていると考える。そして、双方は、この地域が国際政治・経済及び安全保障に対して及ぼす影響力は更に拡大し、来世紀においても引き続き重要な役割を果たすであろうと確信する。

双方は、この地域の平和を維持し、発展を促進することが、両国の揺るぎない基本方針であること、また、アジア地域における覇権はこれを求めることなく、武力又は武力による威嚇に訴えず、すべての紛争は平和的手段により解決すべきであることを改めて表明した。

双方は、現在の東アジア金融危機及びそれがアジア経済にもたらした困難に対して大きな関心を表明した。同時に、双方は、この地域の経済の基礎は強固なものであると認識しており、経験を踏まえた合理的な調整と改革の推進並びに域内及び国際的な協調と協力の強化を通じて、アジア経済は必ずや困難を克服し、引き続き発展できるものと確信する。双方は、積極的な姿勢で直面する各種の挑戦に立ち向かい、この地域の経済発展を促すためそれぞれできる限りの努力を行うことで一致した。

双方は、アジア太平洋地域の主要国間の安定的な関係は、この地域の平和と安定に極めて重要であると考える。双方は、ASEAN地域フォーラム等のこの地域におけるあらゆる多国間の活動に積極的に参画し、かつ協調と協力を進め、理解の増進と信頼の強化に努めるすべての措置を支持することで意見の一致をみた。

三

双方は、日中国交正常化以来の両国関係を回顧し、政治、経済、文化、人の往来等の各分野で目を見張るほどの発展を遂げたことに満足の意を表明した。また、双方は、目下の情勢において、両国間の協力の重要性は一層増していること、及び両国間の友好協力を更に強固にし発展させることは、両国国民の根本的な利益に合致するのみならず、アジア太平洋地域ひいては世界の平和と発展にとって積極的に貢献するものであることにつき認識の一致をみた。双方は、日中関係が両国のいずれにとっても最も重要な二国間関係の一つであることを確認するとともに、平和と発展のための両国の役割と責任を深く認識し、二一世紀に向け、平和と発展のための友好協力パートナーシップの確立を宣言した。

双方は、一九七二年九月二九日に発表された日中共同声明及び一九七八年八月一二日に署名された日中平和友好条約の諸原則を遵守することを改めて表明し、上記の文書は今後とも両国関係の最も重要な基礎であることを確認した。

双方は、日中両国は二千年余りにわたる友好交流の歴史と共通の文化的背景を有しており、このような友好の伝統を受け継ぎ、更なる互恵協力を発展させることが両国国民の共通の願いであるとの認識で一致した。

双方は、過去を直視し歴史を正しく認識することが、日中関係を発展させる重要な基礎であると考える。日本側は、一九七二年の日中共同声明及び一九九五年八月一五日の内閣総理大臣談話を遵守し、過去の一時期の中国への侵略によって中国国民に多大な災難と損害を与えた責任を痛感し、これに対し深い反省を表明した。中国側は、日本側が歴史の教訓に学び、平和発展の道を堅持することを希望する。双方は、この基礎の上に長きにわたる友好関係を発展させる。

双方は、両国間の人的往来を強化することが、相互理解の増進及び相互信頼の強化に極めて重要であるとの認識で一致した。

双方は、毎年いずれか一方の国の指導者が相手国を訪問すること、東京と北京に両政府間のホットラインを設置すること、また、両国の各層、特に両国の未来の発展という重責を担う青少年の間における交流を、更に強化していくことを確認した。

双方は、平等互恵の基礎の上に立って、長期安定的な経済貿易協力関係を打ち立て、ハイテク、情報、環境保護、農業、インフラ等の分野での協力を更に拡大することで意見の一致をみた。日本側は、安定し開放され発展する中国はアジア太平洋地域及び世界の平和と発展に対し重要な意義を有しており、引き続き中国の経済開発に対し協力と支援を行っていくとの方針を改めて表明した。中国側は、日本がこれまで中国に対して行ってきた経済協力に感謝の意を表明した。日本側は、中国がＷＴＯへの早期加盟実現に向けて払っている努力を引き続き支持していくことを重ねて表明した。

双方は、両国の安全保障対話が相互理解の増進に有益な役割を果たしていることを積極的に評価し、この対話メカニズムを更に強化することにつき意見の一致をみた。

日本側は、日本が日中共同声明の中で表明した台湾問題に関する立場を引き続き遵守し、改めて中国は一つであるとの認識を表明する。日本は、引き続き台湾と民間及び地域的な往来を維持する。

双方は、日中共同声明及び日中平和友好条約の諸原則に基づき、また、小異を残し大同に就くとの精神に則り、共通の利益を最大限に拡大し、相違点を縮小するとともに、友好的な協議を通じて、両国間に存在する、そして今後出現するかもしれない問題、意見の相違、争いを適切に処理し、もって両国の友好関係の発展が妨げられ、阻害されることを回避していくことで意見の一致をみた。

双方は、両国が平和と発展のための友好協力パートナーシップを確立することにより、両国関係は新たな発展の段階に入ると考える。そのためには、両政府のみならず、両国国民の広範な参加とたゆまぬ努力が必要である。双方は、両国国民が、共に手を携えて、この宣言に示された精神を余すところなく発揮していけば、両国国民の世々代々にわたる友好に資するのみならず、アジア太平洋地域及び世界の平和と発展に対しても必ずや重要な貢献を行うであろうと固く信じる。

■著者略歴■

菅野　真一郎（かんの　しんいちろう）

昭和41年3月　横浜国立大学経済学部卒業
　　41年4月　日本興業銀行入行
　　59年4月　同行上海駐在員事務所首席駐在員
平成元年1月　同行中国委員会副委員長
　　2年4月　日中投資促進機構事務局次長
　　3年8月　日本興業銀行上海支店長
　　6年6月　同行中国委員会委員長
　　7年6月　同行取締役中国委員会委員長
　　10年7月　日中投資促進機構理事事務局長
　　13年1月　日本興業銀行　参与
　　14年4月　みずほヒューマンサービス㈱取締役社長
　　同年9月　みずほコーポレート銀行　顧問
　　24年4月　東京国際大学客員教授を兼務

KINZAIバリュー叢書
中国ビジネス必携――大陸へ赴く侍たちへ

平成24年5月22日　第1刷発行
平成25年7月3日　第3刷発行

著　者　菅　野　真一郎
発行者　倉　田　　勲
印刷所　図書印刷株式会社

〒160-8520　東京都新宿区南元町19
発　行　所　**一般社団法人 金融財政事情研究会**
編 集 部　TEL03(3355)2251　FAX03(3357)7416
販　　売　**株式会社 き ん ざ い**
販売受付　TEL03(3358)2891　FAX03(3358)0037
URL http://www.kinzai.jp/

ISBN978-4-322-11987-9